Landkarten

ihre Herstellung und ihre Fehlergrenzen.

Landkarten

ihre Herstellung und ihre Fehlergrenzen.

Von

H. Struve

Geheimer Rechnungsrath im Kursbüreau des Reichs-Postamts.

Mit zahlreichen in den Text gedruckten Abbildungen.

BERLIN.

Verlag von Julius Springer.

1887.

ISBN 978-3-642-50413-6   ISBN 978-3-642-50722-9 (eBook)
DOI 10.1007/978-3-642-50722-9

aus dem

Archiv für Post und Telegraphie.

1887.

Dem

Direktor der Königlichen Sternwarte in Berlin

Herrn Geheimen Regierungsrath

PROFESSOR DR. W. FOERSTER

hochachtungsvoll gewidmet

vom

Verfasser.

Inhalts-Uebersicht.

Einleitung.

Die Kunst, Abbildungen zu vervielfältigen, hat in unseren Tagen, durch mancherlei neue Erfindungen begünstigt, aufserordentliche Fortschritte gemacht. Dies ist auch dem Landkartenwesen zu gute gekommen. Wohlfeile Ausgaben von Landkarten und Atlanten sind deshalb gegenwärtig in allen Kreisen der Bevölkerung, in Haus, Schule und Geschäftsräumen verbreitet. Entbehren viele solcher Karten auch der sorgfältigen Ausführung, so genügen sie doch für den gewöhnlichen Bedarf und erweisen sich, jede in ihrer Art, brauchbar zur Orientirung für den Zeitungsleser, für das Verständnifs politischer Ereignisse, für die Wahl eines Reiseweges, als Wegweiser auf der Reise selbst u. dergl. mehr.

Wenn es jedoch auf genaue Ermittelung gröfserer Entfernungen, auf genaue Berechnung des Flächeninhaltes eines Landes oder Landestheiles, auf genaue Bestimmung der Luftlinie (des kürzesten Weges) zwischen zwei Orten ankommt, so zeigt es sich, dafs nicht blofs die weniger sorgfältig ausgeführten, sondern sämmtliche Landkarten mit Fehlern behaftet sind — Fehlern, die bei kleinen Karten vom Umfange weniger Grade zwar kaum in Betracht kommen, bei gröfseren, ganze Länder und Erdtheile umfassenden Karten aber sich bedeutend steigern.

Für Jeden, der sich in der Lage befindet, Landkarten zu benutzen, wird es von Interesse sein, die Entstehungsweise und den Umfang der angedeuteten Fehler näher kennen zu lernen; es wird ihm dann nicht schwer werden, sich ein zutreffendes Urtheil über den Grad der Zuverlässigkeit einer Karte zu bilden. Die Fehler entspringen einerseits aus den eigenthümlichen Schwierigkeiten, mit denen die Aufnahme einer Gegend, die Verwandlung ihrer Abbildung in eine eigentliche Landkarte verbunden ist, andererseits aber und hauptsächlich aus den verschiedenartigen und, wie wir später sehen werden, zum Theil mit einander unvereinbaren Bedingungen, welchen der Kartenzeichner Genüge leisten soll, wenn er aus den topographischen Aufnahmeblättern die Gesammtkarte eines Landes, aus den Einzelkarten verschiedener Länder die Karte eines Erdtheiles zusammenstellt.

Bei der Herstellung der Landkarten kommen folgende Hauptverrichtungen in Betracht:

1. die Aufnahme der Gegend, d. i. die Herstellung eines verkleinerten Grundrisses derselben;

I

2. die Bestimmung der Himmels-
gegend und die Angabe derselben
auf der Karte;

3. die Einzeichnung der Meridiane
und Parallelgrade.

Zu diesen Verrichtungen, von
denen die erste in's Gebiet der
Geodäsie, die beiden anderen in's
Gebiet der Astronomie fallen, und
durch welche zunächst topographische Specialkarten geschaffen
werden, gesellt sich, wenn es sich
um Karten handelt, welche gröfsere
Ländergebiete umfassen, noch eine
mit besonderen Eigenthümlichkeiten
behaftete Arbeit, nämlich

4. die Anfertigung eines Gradnetzes,
welches die topographischen Einzelkarten oder deren Verkleinerungen
in sich aufzunehmen bestimmt ist
und für besondere Zwecke der
Karte zuweilen auf recht umständliche Weise berechnet werden mufs.
Hiernach will es auf den ersten
Blick scheinen, als ob das Gebiet,
welches zu betreten wir uns an-
schicken, für den Laien unzugänglich
sei, weil es verbarrikadirt ist mit
mathematischen Lehrsätzen und Formeln, die der sphärischen Trigonometrie, der Integral- und Differential-
rechnung angehören. Wir wollen jedoch diese Barrikaden zu überfliegen
suchen und bedienen uns zunächst
dazu des Luftballons. Derselbe gewährt uns aus der Vogelperspective
einen landschaftlichen Ueberblick, welcher die zuerst zu behandelnde Aufgabe, die Aufnahme einer Gegend, zu
erläutern wohl geeignet ist.

Steigen wir deshalb ein in das un-
gewohnte Gefährt! Wer aber Bedenken trägt, eine solche Fahrt zu
unternehmen, der erklimme einen
hoch und steil gelegenen Aussichtspunkt — vielleicht den Königstein
oder den Rigi, oder auch, der Scheffel-
schen Dichtung zu Liebe, den Hohen-
twiel. Der herrliche Umblick von dem

erhabenen Standpunkt lohnt die auf-
gewendete Mühe. Für heute geben wir
uns diesem Genufs nur nebenbei hin,
prüfen dagegen mit um so aufmerk-
samerem Blick die Lage und die
Gröfsenverhältnisse der Gegenstände
unter uns.

Ganz in der Nähe, fast senkrecht
unter unserem Auge, liegt eine kleine
Stadt. Wir sehen auf die Dächer
der Häuserreihen und zwischen denselben hindurch auf das Pflaster
fast sämmtlicher Strafsen und Plätze.
Das Bild erscheint uns wie ein Städte-
plan aus einem Baedeker'schen Reise-
handbuch. In der Nähe liegt ein
Dorf. Dasselbe gewährt schon einen
weniger übersichtlichen Anblick. Die
vorderen Gebäude verdecken zum Theil
die dahinter liegenden; wir sehen von
den letzteren nur die Dächer. Ob die
Strafsen gepflastert sind oder nicht,
bleibt uns verborgen, weil unser Blick
den Boden nicht erreicht; eine Linde
verdeckt fast vollständig den einzigen
freien Platz am Brunnen des Dorfes.
Von einem zweiten, noch weiter
entfernten Dorfe sehen wir nur die
äufseren Umrifslinien, von der hinter
einer ganz mäfsigen Anhöhe gelegenen
Stadt nur die Kirchthurmspitze.

Wir erheben uns höher in die
Lüfte. Von dem neuen, doppelt so
hohen Aussichtspunkt übersehen wir
mehrere bei einander liegende Thäler,
die darin gebetteten Strafsen und
Plätze, ihre Bäche und Gräben. Wenn
wir aber den Blick weiter schweifen
lassen, so stofsen wir auch hier bald
auf Ortschaften, die sich in einander
schieben und gegenseitig verdecken,
so dafs von Ueberblick und Einblick
in dieselben keine Rede mehr sein
kann.

Durch nochmalige Erhöhung unseres
Standpunktes würden wir wohl einen
weiteren Theil des äufseren Gesichts-
kreises dem Mittelpunkt unter uns
näher rücken und fast senkrecht über-

sehen können, immer aber würden die am Rande belegenen Gegenstände in einander geschoben erscheinen. Sie würden nur ihre Silhouette, nicht ihren Grundrifs erkennen lassen, weil sie von unseren Sehstrahlen nicht senkrecht, sondern schräg getroffen werden.

Nur wenn wir von sehr grofser Höhe, etwa vom Monde herab, auf die Erde blicken könnten, würden sämmtliche Sehstrahlen nahezu parallel mit einander den Erdboden treffen. Eine so aufgenommene Karte würde den richtigen Grundrifs zeigen, wenn die Erde eine flache Tafel wäre, oder wenn wir unsere Betrachtung auf ein Theilstück derselben von wenigen Graden Ausdehnung beschränkten, dessen geringe Wölbung so wenig in Betracht käme, dafs es als flache Tafel gelten könnte. Wir werden diesen Fall später bei Besprechung der Gradnetze weiter verfolgen.

Für jetzt haben wir als Ergebnifs unserer Luftballonbetrachtungen die Ueberzeugung gewonnen, dafs durch naturgetreue Abbildung von einem hohen Standpunkt aus zwar ein landkartenartiges Bild, aber nicht eine in allen Theilen richtige Landkarte hergestellt werden kann. Dessenungeachtet haben wir diese Methode zum Ausgangspunkte gewählt, weil sie als die natürlichste erscheint, auf welche die Menschen zuerst verfallen mufsten. Eine der ältesten auf uns gekommenen Karten, die sogenannte *Tabula itineraria Peutingeriana*, eine aus dem fünften Jahrhundert n. Chr. stammende Strafsenkarte des römischen Reichs, von welcher sich zwei später bearbeitete Ausgaben im Reichs-Postmuseum befinden, hat ihre merkwürdige Darstellungsweise — die enge, bandwurmartige Aneinanderschiebung der Flüsse und Strafsen — vielleicht dem naiven Bestreben des Zeichners zu verdanken, die Gegenstände so abzubilden, wie sie sich von einem hohen Standpunkte aus dem

Auge zeigen, umsomehr, als gerade diese Methode für den praktischen Gebrauch und für die damalige Aufbewahrungsweise — das Aufwickeln der Zeichnungen und Schriften auf Stäbe — sehr wohl geeignet erscheinen mufste.

Auf den Landkarten des vorigen Jahrhunderts zeigt sich zwar das Bestreben, Länder und Flüsse im richtigen Grundrifs anzugeben, jedoch erscheinen Städte, Thürme, Windmühlen u. s. w. noch in völligem Schattenrifs, die Gebirgszüge gleichen einseitig beschienenen Hügeln u. s. w.

Auch in neuerer Zeit ist die Methode der Vogelperspective noch gepflegt worden, zwar weniger zu eigentlicher Landkartendarstellung, als zu malerischen landschaftlichen Abbildungen. Ein solches Werk, in mühsamster Weise ausgeführt, ist »Delleskamps malerisches Relief des klassischen Bodens der Schweiz, Frankurt M. 1830« (in der Bibliothek des Reichs-Postamts befindlich). Hier sind auf 9 Blättern die Gegenden um und zwischen Züricher und Vierwaldstätter See bis Meiringen wiedergegeben, wie man sie, im Luftballon darüber hinfahrend, erblicken würde. Die äufserst anschauliche Darstellung, eine Verschmelzung von Landkarte und Panorama, gewährt nicht allein demjenigen, der jene Gegenden bereits besucht hat, durch ihre malerische Plastik den Genufs angenehmer Rückerinnerung, sondern ist auch für die Reise wohl verwendbar, obgleich die Karten die Anlegung eines einheitlichen Mafsstabes nicht gestatten und mit allen solcher Darstellung eigenen Mängeln behaftet sind. Namentlich giebt das Bestreben des Zeichners, auch die steilen Bergwände mit den hinaufklimmenden Wegen und den herabstürzenden Bächen zur vollen Anschauung zu bringen, den Bergabhängen eine übertriebene Breite, und da die Gebirgszüge der abgebildeten Gegend vorzugsweise von Nordnordost nach Südsüdwest streichen, die Abhänge sich also in der Querrichtung erstrecken, so ist der Maßstab der letzteren fast doppelt so groß ($1:42\,500$), als der der ersteren ($1:80\,000$). Eine weitere Eigenthümlichkeit der Karte besteht darin, daß die Stellung der Schrift nicht nach der jetzt üblichen Weise bewirkt ist, wonach der obere Rand der Karte nach Norden, der untere nach Süden zu liegen kommt. Man hat vielmehr, wie bei vielen aus früheren Jahrhunderten stammenden Seekarten des mittelländischen Meeres u. s. w. oben Süden, unten Norden, rechts Westen, links Osten, — eine Orientirungsweise, welche für Reisen in der Richtung von Norden nach Süden allerdings die bequemste ist. — Ueber die Art und Weise der Herstellung der Delleskamp'schen Karte spricht sich der Künstler in dem beigefügten Text aus: »Ich habe mir zur Pflicht gemacht, Alles treu nach der Natur zu zeichnen und keine Lücke willkürlich auszufüllen. Wenn man den Umfang und Inhalt des Unternehmens kennt, wird man es begreiflich finden, daß ich blos zum Behufe dieses Werkes (ohne die Zeichnung der einzelnen Häuser u. dergl.) auf mehr als 700 Standpunkten, größtentheils auf den Gipfeln der Berge, bis zur Höhe von 9500 Fuß über dem Meer, oft von Schnee und Eis erstarrt, oft von Nebelwolken eingehüllt, oft von Regen überschüttet, stundenlang auf günstige Augenblicke wartend, zeichnete« u. s. w. —

Können die Darstellungen aus der Vogelperspective auch keinen Anspruch darauf machen, als wirkliche Landkarten zu gelten, so will es uns doch nicht undenkbar erscheinen, daß künftig einmal die Vogelperspective zur Herstellung genauer Landkarten wissenschaftlich werde ausgenutzt werden, so-

bald es gelingt, zwei noch in der Entwickelung begriffene Erfindungen der Neuzeit zur Anwendung zu bringen, nämlich den lenkbaren Luftballon und die photographische Augenblicksaufnahme. Hierbei würde man nämlich eine willkürliche Reihe von Abbildungen der Gegenden unter uns aufnehmen können, die sich schließlich in ein Gesammtkartenbild zusammenfassen ließen. Etwas mühsam erscheint letzteres, aber nicht unausführbar. Denn wenn auch die Gegenstände in den Einzelabbildungen nach dem Rande zu verschoben erscheinen, so liegt doch Gesetz und Ordnung in diesen Verschiebungen. Alle in einer Linie vom Aufnahmepunkte aus liegenden Gegenstände (Thurmspitzen, Felsblöcke, Ufervorsprünge u. s. w.) würden auch in der Abbildung in gerader Linie erscheinen. Dadurch aber, daß dieselben Gegenstände in mehreren Abbildungen vorkommen, also in verschiedene geradlinige Sehstrahlen eingeordnet sind, wäre auch die Möglichkeit gegeben, ihnen in der Gesammtkarte den richtigen Platz anzuweisen und so einen richtigen Grundriß der ganzen Gegend herzustellen. Beschäftigt man sich doch neuerdings nach Berichten aus der Pariser Akademie mit dem Plane, durch photographische Einzelaufnahmen eine vollständige Himmelskarte herzustellen (wobei allerdings störende perspectivische Verschiebungen, wie bei Erdaufnahmen, nicht vorkommen können). Sechs bis acht Sternwarten, auf beiden Halbkugeln vertheilt, würden in etwa 5 Jahren die Arbeit vollenden und 20 Millionen Sterne bis zur 15. Größe (mehr als ein Fernrohr dem Auge sichtbar macht) aufnehmen können.

Einstweilen ist diejenige Genauigkeit der Aufnahme, welche wir für Karten kultivirter Länder zu beanspruchen uns gewöhnt haben, nicht durch bloße Abbildungen, sei es vom Luftballon oder von hohen Standpunkten aus, sondern nur durch zahlreiche mühsame Messungen und Berechnungen zu erreichen, und zwar Entfernungs- und Winkelmessungen behufs Aufnahme des Grundrisses, Höhenmessungen behufs Einzeichnung der Hebungen und Senkungen des Bodens. Auf die hierauf abzielenden Vorrichtungen wollen wir jetzt näher eingehen.

Herstellung topographischer Specialkarten.

Nach dem jetzigen Stande des Landkartenwesens stützen sich sämmtliche Karten cultivirter Länder auf topographische Specialkarten. Die Herstellung derselben — gewöhnlich im Maßstabe 1:10000 bis 1:100000 der natürlichen Größe — beruht auf vorheriger Vermessung des betreffenden Landestheiles.

Das zu vermessende Gebiet wird durch zweckmäßige Wahl hervorragender Punkte, zwischen welchen visirt (»zusammengesehen«) werden kann, in ein Netz größerer und kleinerer Dreiecke zerlegt (triangulirt), indem man die Sehlinien als Verbindungslinien der einzelnen Punkte, mithin als Dreiecksseiten betrachtet. Eine der Dreiecksseiten wird zur Grundlinie (Basis) des Vermessungsgebietes ausersehen, abgesteckt und mittels Meßstäben sorgfältig gemessen. Man wählt hierzu eine möglichst bequem in der Ebene liegende Linie. Alle übrigen Seiten, nicht bloß von den an der Grundlinie liegenden, sondern auch von sämmtlichen übrigen Dreiecken (eines begrenzten gleichartigen Vermessungsgebiets) werden nicht direct gemessen. Man mißt statt dessen die Dreieckswinkel durch Visiren zwischen den Eckpunkten mit Winkelmeßinstrumenten und ermittelt daraus durch trigonometrische Berechnung die Länge der Seiten. Da sämmtliche Berechnungen sich auf die Länge der einen wirklich gemessenen Grundlinie stützen, so muß deren Messung mit größter Genauigkeit und Zuverlässigkeit bewirkt werden und nimmt viel Zeit- und Kostenaufwand in Anspruch. Besondere Sorgfalt wird der Anfertigung der Meßstangen gewidmet. Bei dem Basisapparat, mit welchem im Jahre 1878 eine Basis von 2762,6 m Länge bei Strehlen gemessen wurde, waren die 4 m langen Meßstangen von Platin mit einem Zusatz von 11 pCt. Iridium hergestellt, einer viele Vortheile bietenden Metallmischung, bei welcher die durch Temperaturwechsel entstehenden Längenveränderungen vergleichsweise gering sind. Gleichwohl werden letztere auf das peinlichste mit in Rechnung gezogen. Ferner sind sämmtliche Meßapparate mit kunstreichen Vorrichtungen zum genauen Messen der bei dem Aneinanderlegen der Meßstäbe unvermeidlichen Lücken versehen.

Die Figur 1 giebt als Beispiel einen kleinen Theil eines Vermessungsnetzes.

Die zu messende Grundlinie wählte man früher in der Länge von 10 bis 20 km; neuerdings beschränkt man sich auf solche von 1 bis 10 km. So sind in Preußen vermessen Grundlinien:

		km
bei Königsberg Pr.	von	1,8
- Berlin	-	2,3
- Bonn	-	2,1
- Strehlen	-	2,8
- Braack in Holstein . .	-	5,9
- Göttingen	-	5,2
- Meppen	-	7,0
außerdem		
bei Oberbergheim (Elsaß-Lothringen)	-	7,0.

In sämmtlichen europäischen Staaten überhaupt sind seit dem Jahre 1798 nur etwa 80 Grundlinien von 1,6 bis 21,7 km Länge vermessen. Der wahrscheinliche Fehler einer Messung beläuft sich bei den älteren bis zum Jahre 1828 ausgeführten Messungen auf $^1/_{250\,000}$ der Länge; bei einer Grundlinie von 2,5 km ist also die Annahme gerechtfertigt, dafs die durch Messung ermittelte Länge nicht mehr als 1 cm von der wirklichen Länge abweiche. Bei den neueren Messungen beträgt der wahrscheinliche Fehler nur 1 Dreimilliontel bis 1 Einmilliontel, d. i. 1 cm auf 30 bz. 10 km. Die mit gröfster Sorgfalt gemessene spanische Grundlinie von Madridejos bei Madrid hat einen wahrscheinlichen Fehler von nur $^1/_{5\,850\,000}$, d. i. 1 cm auf 58,5 km.

Im Uebrigen betrug beispielsweise die Länge der Dreiecksseiten:

	km
Ararat-Godarebi im Kaukasus (Messung des russischen Astronomen Struve) etwa .	202
Slieve - Donard - Sea Fell in England (Messung von Survey) etwa	179
Campvey - Desierto in Frankreich	161
Kamiensberg - Knibiskow in Afrika (Messung von Maclear)	128
Brocken-Inselsberg (Hannoversche Messung von Gaufs) .	106
Trunz-Galtgarben (preufsische Messung von Bessel) . . .	80.

Fig. 1.

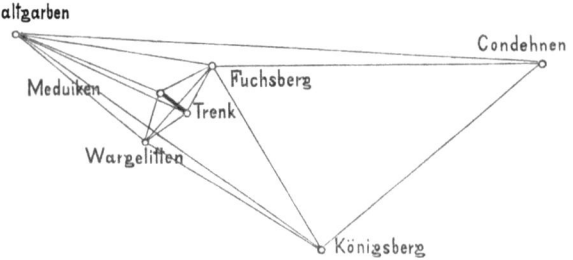

Denjenigen Dreiecksseiten, welche nicht direct vermessen werden, sondern Visirlinien für die zu vermessenden Winkel bilden, gesteht man bei der Triangulation eine weit beträchtlichere Länge zu, als der Grundlinie. Man hat Dreiecksseiten von 200 km, beschränkt sich jetzt aber meistens auf Seiten von 20 bis 30 km. Indessen sind noch in neuester Zeit aus Anlafs der Hineinziehung der Balearen in das spanische Dreiecksnetz Seitenlängen von 240 km vorgekommen, die wegen der weiten Entfernung zwischen diesen Inseln und dem Festlande nicht zu vermeiden waren. Das Visiren zwischen den Inseln und der Festlandsküste wurde durch elektrisches Licht vermittelt. (Geogr. Jahrb. für 1884, S. 134.)

Nach der preufsischen Anweisung vom 25. October 1881 für die trigonometrischen Arbeiten beträgt die durchschnittliche Entfernung für Punkte I. Ordnung (Knotenpunkte der Hauptdreiecke) 20 km und mehr, für Punkte II. Ordnung 10 bis 20 km, III. Ordnung 3 bis 10 km, IV. Ordnung weniger als 3 km.

Als Zielpunkte der Visirung (um die Dreieckswinkel zu messen) dienen bei kurzen Entfernungen kleine Pyramiden, bei weiteren Entfernungen Kirchthürme, Nachts künstliche Lichtquellen, elektrisches Licht u. s. w. Auch wird das im Jahre 1821 von Gaufs erfundene Heliotrop angewendet. Dasselbe besteht aus verstellbaren Spiegeln, mit welchen man das Sonnenlicht auffängt und nach entfernten Signalpunkten richtet. Die dort befindlichen Beobachter verfahren in ähnlicher Weise, und so liefert man sich gegenseitig Zielpunkte zum Visiren, welche bei derselben Spiegelstellung 2 Minuten lang sichtbar bleiben können. Denn der scheinbare Durchmesser der Sonnenscheibe beträgt $^1/_2$ Grad, und die Sonne gebraucht 2 Minuten, um in ihrer scheinbaren Bahn um $^1/_2$ Grad fortzurücken.

Die grofse Genauigkeit, durch welche die Ergebnisse der Basismessungen sich auszeichnen, ist bei den Winkelmessungen nicht ganz in demselben Mafse zu erreichen. Es treten hier Fehlerquellen besonderer Art auf, deren Einflufs sich nicht blofs auf die hier behandelte Dreiecksberechnung, sondern auch auf die übrigen mit Winkelmessung verbundenen geodätischen Arbeiten erstreckt, welche wir später besprechen werden, wie Nivellement, Längen- und Breitenbestimmung.

a. Schon die Instrumente, mit denen die Winkel gemessen werden, sind, je künstlicher in der Einrichtung, desto weniger frei von Fehlern. Sie sind mit Fernrohr, Wasserwage, Compafs, Grad- und Minutentheilung, Nonius und Mikroskop zur Ablesung der feinen Theilung versehen. Jeder dieser Theile hat seine besonderen Fehler, und wenn letztere dem Laien auch verschwindend klein erscheinen, so beeinflussen sie doch bei der Länge der Visirlinien die Messungsergebnisse erheblich. Da die Instrumente überwiegend aus Metall bestehen, so verursacht überdies der Wechsel der Lufttemperatur sehr merkliche partielle Ausdehnungen und Zusammenziehungen. Jedes Instrument mufs deshalb nicht blofs bei der ersten, sondern auch bei jeder ferneren Benutzung auf seine Richtigkeit sorgfältig geprüft, und jeder entdeckte Fehler mufs bei der Vermessung mit in Rechnung gezogen werden. Die Feststellung des Einflusses der Fehlerquellen ist aber mühsam und zeitraubend und erfordert ein besonderes Studium. Näheres hierüber findet man u. A. in Jordan's »Vermessungskunde« und in Jordan's »Grundzüge der astronomischen Zeit- und Ortsbestimmung«.

b. Das Gebäude, der Thurm oder das Holzgerüst, auf welchem das Mefsinstrument angebracht ist, läfst sich nicht ohne Weiteres als ein fester Standpunkt betrachten, sondern dreht sich in Folge ungleichmäfsiger Erwärmung. Die Drehung beginnt am frühen Morgen mit der ersten Wirkung der Sonnenstrahlen von West über Süd nach Ost bis zum Höhepunkt der Tageswärme; dann erfolgt mit der sinkenden Temperatur eine entgegengesetzte Drehung. Ein 25 Fufs hoher Fichtenpfahl liefs eine Drehung von fast $^1/_4$ Grad wahrnehmen. (Generalbericht der europ. Gradmessung für 1863 von General Baeyer.)

Bei Gebäuden, namentlich Mauerwerk, wird eine so starke Drehung allerdings nicht stattfinden. Ein Beispiel für eine jährliche periodische Drehung liefert die Sternwarte zu Neuchâtel. Wie durch langjährige Beobachtungen festgestellt worden ist, haben nämlich die beiden Meridianpfeiler dieser Sternwarte, welche aus je einem unmittelbar auf dem Kalkfelsboden errichteten Steinblock bestehen, seit 1859 ihre Stellung regelmäfsig so geändert, dafs das nach Süden gerichtete Ende des auf ihnen ruhenden Fernrohres sich im Winter (September bis Februar) um 38,2″ von West nach Ost und im Sommer (März bis August) um 39,8″ von Ost nach West bewegt, so dafs nach Verlauf von 24 Jahren eine um 36″ überwiegende Bewegung nach Westen stattgefunden hat. Gleichzeitig hat sich der westliche Pfeiler fortdauernd gegen den östlichen um etwa 24″ gesenkt, so dafs in dem angegebenen Zeitraume die Gesammtdrehung um eine horizontale Achse 9' 10" (etwa $\frac{1}{6}$ Grad) betrug. Der Haupttheil der periodischen Bewegung wird der im Winter ab-, im Sommer zunehmenden Erwärmung des Hügels, die geringe Zunahme der Wendung nach Westen aber einer geologischen Ursache, nämlich der zunehmenden Gebirgsfaltung des Jura oder dem allmählichen Absinken einer Gebirgsscholle gegen die andere zugeschrieben. (Geographisches Jahrbuch für 1884, S. 11.)

c. Das Loth, welches für die normale Aufstellung der Apparate mafsgebend ist, wird am Meer nach derjenigen Richtung abgelenkt, in welcher sich überwiegende Festlandsmassen befinden; im Binnenlande wird es von Gebirgsmassen, welche in der Nähe liegen, angezogen. Das preufsische geodätische Institut hat Lothablenkungen in der Gegend des Harzes nachgewiesen, welche am stärksten in Harzburg, Ilsenburg und Blankenburg sind (13 bz. 11 und 10 Winkelsecunden nach Süden, wodurch der Zenith um ebensoviel nach Norden gerückt und die geographische Breite zu grofs erscheint). Zu Wladikawkas, am Nordfufse des Kaukasusgebirges, findet eine Lothablenkung von 36 Secunden nach Süden, bei Duschet, hart am Südfufs des Kaukasus, eine Ablenkung im entgegengesetzten Sinne von 18 Secunden statt.

d. Der Lichtstrahl der Visirlinie, durch die gröfsere Dichtigkeit der unteren Luft beeinflufst, verläfst die gerade Linie und geht im Bogen, wie ein Wurfgeschofs (Refraction). Hierdurch werden zunächst allerdings nur Höhenmessungen beeinflufst — der Höhenwinkel erscheint zu grofs, das Ziel des Visirens zu hoch (unter Umständen bis $\frac{1}{2}$ Grad). Die Refraction ist in der horizontalen Richtung am stärksten, sie nimmt ab, je mehr sich die Visirlinie nach dem Zenith richtet.

Die in dieser Abnahme liegende Regelmäfsigkeit, die Abhängigkeit der Refraction von der Luftschwere und von dem Visirwinkel ermöglicht die Aufstellung von Formeln und Tabellen, nach welchen man den Einflufs der Refraction in Rechnung zieht.

Es kommen aber abweichende Fälle vor, bei welchen man auf die Hülfe der Refractionstabellen verzichten mufs. Wenn in Folge der normalen Refraction niedrige Gegenstände höher gerückt erscheinen, so findet zuweilen auch das Gegentheil statt. Der an heifsen Sommertagen von der Erde aufsteigende Strom warmer, leichter Luft veranlafst nämlich eine Biegung des Lichtstrahles nach oben, in Folge deren die Gegenstände niedriger erscheinen. Zuweilen wird auch durch kalte, schwere Luft, welche aus den Bergen oder vom Meere seitlich zuströmt, der Lichtstrahl zur Seite gekrümmt; und diese seitliche Refraction beeinflufst auch die Messung von Dreieckswinkeln.

Alle diese Umstände beeinträchtigen die Genauigkeit der Winkelmessung. Jedoch ist es dem menschlichen Scharfsinn gelungen, die Fehler auf einen ganz geringen Bruchtheil zu beschränken. Der mittlere Fehler einer einmaligen Beobachtung beträgt:

bei Tagesbeobachtungen $\pm$ 1,49",

\- Nachtbeobachtungen $\pm$ 1,47",

(im letzteren Falle wegen der gleichmäfsigeren Nachttemperatur etwas weniger). Da die Beobachtungen aber vielfach wiederholt werden und schliefslich aus allen der Durchschnitt gezogen wird, so beträgt der wahrscheinliche Fehler dann nur noch 0,23". Will man die Beobachtungen in einem Dreieck verwenden, so hat man zu berücksichtigen, dafs die Summe der drei Winkel gleich 180° ist, wozu bei gewölbten Flächen noch ein je nach der Wölbung gröfserer oder geringerer Ueberschufs (der sphärische

Excefs) tritt. Zieht man diesen nach den Gesetzen der sphärischen Trigonometrie in Betracht und überträgt die Berechnung von Dreieck zu Dreieck, so ergiebt sich erfahrungsmäfsig als Schlufsfehler aus acht berechneten Dreiecken etwa:

bei Tagesbeobachtungen 0,63″,
- Nachtbeobachtungen 0,41″.

Das macht auf eine Entfernung von 10 km noch nicht 35 mm, also etwa $1/285\,000$, oft aber noch viel weniger.

Ein solcher Fehler, obgleich 5 bis 10 Mal so grofs, als die bei der Messung der Grundlinie vorkommenden, ist immerhin noch als ein sehr geringfügiger zu bezeichnen, und es ergiebt sich hieraus, welch einen hohen Grad der Genauigkeit die mit den Hülfsmitteln der Geodäsie hergestellten topographischen Karten haben.

Diese Genauigkeit erscheint bei den Winkelmessungen, deren Fehler, wie wir sahen, sich auf eine halbe Secunde beschränkt, um so erstaunlicher, wenn man sich vergegenwärtigt, dafs die geringe Bogenlänge, welche bei einer Kreistheilung auf einen Grad entfällt, noch in 3 600 Theilchen gespalten werden mufs, um Secunden zu ergeben. An den nicht übermäfsig grofsen Kreisen oder Kreisbögen der Mefsinstrumente würde eine solche haarscharfe Theilung kaum ausführbar sein. Durch eine sinnreiche einfache Vorrichtung aber wird es möglich gemacht, zwischen den Grad- bz. Minutentheilungsstrichen des Mefskreises noch kleine Bruchtheile genau zu bestimmen. An die Grad- oder Minutenscala wird zu diesem Zwecke ein kleines, mit einer eigenthümlichen Theilung versehenes Bogenstück, der »Vernier« geschoben. Die Theilung des Vernier ist, wenn man Zehntel der Mefskreistheile bestimmen will, so eingerichtet, dafs 10 Theile des Vernier genau so viel Raum einnehmen, wie 9 Theile des Mefskreises (nachtragender Vernier)

— s. Fig. 2 — oder auch wie 11 Theile des Mefskreises (vortragender Vernier). In beiden Fällen weicht der erste Verniertheilstrich um $1/10$, der zweite um $2/10$, der dritte um $3/10$ u. s. f. von dem entsprechenden Theilstrich des Mefskreises ab. Durch Verschiebung des Vernier lassen sich mithin vor bz.

Fig. 2.

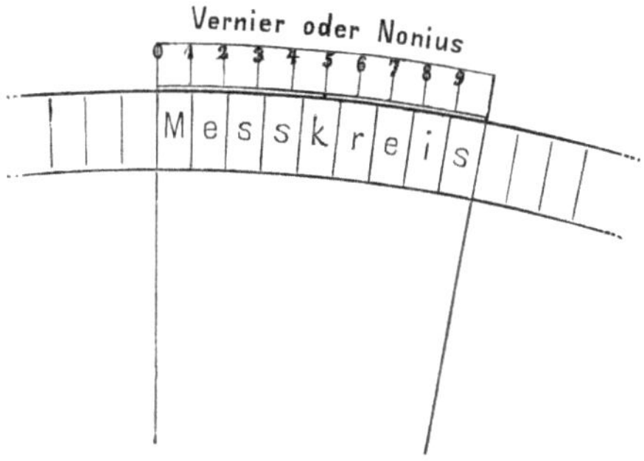

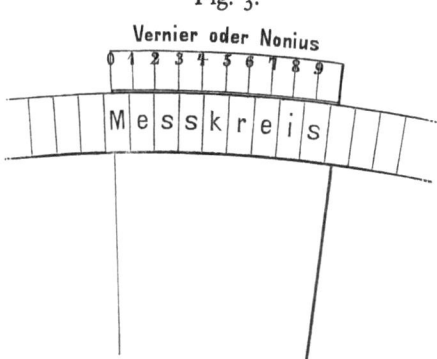

hinter einem Theilstrich des Mefskreises beliebig viele Zehntel abschneiden, und man braucht nur zu beachten, der wie-

Fig. 3.

vielte Vernierstrich mit einem Mefskreisstriche zusammenfällt, um sofort zu wissen, um wieviel Zehntel der die Messung bestimmende Anfangsstrich des Vernier von dem nächsten Mefskreisstriche abweicht. Fällt z. B. — wie in Fig. 3 — der Vernierstrich 3 mit einem Mefskreisstriche zusammen, so beträgt die Abweichung des Vernier-Anfangsstriches

$^3/_{10}$, bei dem Zusammenfallen des
Vernierstriches 4 ergeben sich $^4/_{10}$ u. s. f.
Findet kein genaues, sondern nur ein
ungefähres Zusammenfallen irgend eines
Vernierstriches mit einem Meſskreis-
strich statt, so schneidet der Anfangsstrich auſser ganzen Zehnteln noch
überschieſsende Bruchtheile ab. Diese
kann man entweder durch Abschätzung
bestimmen, oder man kann durch
abermalige Zehntheilung jedes Vernier-
theiles es dahin bringen, Hundertstel
von dem Meſskreise abzulesen, nöhigen-
falls mittels eines an dem Instrumente
angebrachten Mikroskops.

Wollte man nicht Zehntel, sondern
etwa Dreiſsigstel — also bei einer
Theilung des Meſskreises in halbe
Grade Minuten (und durch nochmalige Sechszigtheilung der letzteren
Secunden) — ablesen, so müſste
der Vernier so eingerichtet sein, daſs
30 seiner Theile so viel Raum einnehmen, wie 29 oder auch 31 Meſskreistheile u. s. f. Allgemein ausgedrückt: Soll der Vernier $1/n$ eines
Theiles vom Meſskreise angeben, so
müssen entweder $n-1$ oder $n+1$
Meſskreistheile $= n$ Verniertheilen sein.

Der Erfinder des Vernier ist der französische Geometer Peter Vernier (1631).
Sonst schrieb man die Erfindung auch
dem Portugiesen Nonius (Nuñez) zu,
nach welchem auch heute das Instrument noch häufig benannt wird.

––––––––––

Wir haben jetzt eines Momentes
der Kartenaufnahme zu gedenken,
welches in älteren Karten wenig oder
gar nicht zur Geltung gelangt, in den
Karten der Neuzeit aber eine desto
wichtigere Rolle spielt, der Berücksichtigung der Niveauverhältnisse,
der Hebungen und Senkungen des
Bodens, der Einzeichnung von Berg
und Gebirge.

»Wer noch nicht im Gebirge gereist
ist,« sagt Albert Heim, »der hat kein
Maſs für die Entfernungen und Gröſsen-
verhältnisse der Berge. Er ist erstaunt
darüber, daſs oft ein Berg von einer
anderen Seite eine ganz andere Form
hat, daſs die Reihenfolge, in der die
Berge, von verschiedenen Standpunkten
gesehen, ihre Köpfe neben einander
hervordrängen, sich ändert. Er hält
die Felswand, an der er steil hinauf-
sehen muſs, weil er noch an derselben
steht, für die halbe Höhe des Berges,
wenn sie nur eine der Beachtung kaum
werthe kleine Einzelstufe des ganzen
Gehänges ist; er glaubt einen senkrechten Abgrund vor sich zu sehen,
wenn ein Abhang von 50 Grad vor
ihm liegt. Nur Erfahrung kann von
diesen Täuschungen befreien, nur vieles
Herumsteigen im Gebirge, freilich nicht,
wie es meistens geschieht, in den Fuſs-
tritten eines vorangehenden Führers;
man muſs selbstständig wandern. Für
den Neuling im Gebirge wäre es wohl
unmöglich, sich in seinen Gedanken
ein klares Bild von einer beliebigen
kleinen Gebirgsgruppe durch eigenes
Herumsteigen verschaffen zu können.
Wenn aber einer durch vieles Herum-
reisen endlich dazu gekommen ist, im
Geiste sich hoch in die Luft zu erheben und das ganze Labyrinth der
Thäler und Berge klar mit einem
Blick zu überschauen, so kann er diese
seine Erfahrung dadurch nutzbar
machen, daſs er sie aufs Papier bringt.«

Eine so entstandene Karte würde
allerdings sehr roh und schwerlich
fehlerfrei ausfallen. Um ihr richtige
Entfernungs- und Höhenverhältnisse
zu geben, bedarf es der genauen Vermessung, der Einzeichnung derjenigen
Punkte des Terrains, welche in gleichem
Niveau, in gleicher Höhe liegen.

Nach der jetzt vorzugsweise zur Anwendung kommenden Höhenschichten-
methode des Genfer Ingenieurs du Carla,
welche den neueren topographischen
Karten der Schweiz, Frankreichs, Italiens,
Belgiens, sowie den Meſstischblättern

der preußischen Landesaufnahme u. s. w. zu Grunde liegt, denkt man sich das ganze Terrain und namentlich die Gebirge in parallele Horizontalschichten von gleichen Abständen zerlegt. Die Grenzlinien dieser Horizontalschichten verbinden die Punkte gleicher Höhe mit einander und stellen von oben gesehen eine wellenförmige Scala »äquidistanter Niveaulinien« dar, die um so enger liegen, je steiler das Terrain ist. Hineingesetzte Zahlen geben die Höhen der einzelnen Niveaulinien an, die man ursprünglich vom Meeresspiegel ab zählte. Eingehende Untersuchungen aus Anlaß der europäischen Gradmessung ergaben aber, daß die verschiedenen Meere keineswegs in ihren mittleren Wasserständen gleiche Höhe haben. In Betreff der europäischen Meere sind Unterschiede bis etwa $^2/_3$ m festgestellt worden — im Atlantischen und Stillen Ocean glauben Manche Senkungen des Niveaus bis zu 1 000 m und mehr annehmen zu müssen; Andere verwerfen diese Annahme wegen Unzuverlässigkeit der Untersuchungsmethoden. Jedenfalls aber wird die »Meereshöhe« schlechthin nicht mehr als geeignet angesehen, die Grundlage von Höhenmessungen zu bilden. Im preußischen Staate ist durch Beschluß des Centraldirectoriums der Vermessungen vom 2. December 1876 als Grundlage für alle Vermessungen ein Nullpunkt (Normal-Null — N. N. — genannt) festgesetzt und an der Berliner Sternwarte durch eine Höhenmarke fixirt, welche 37 m über N. N. angebracht worden ist und »Normalhöhenmarke für das Königreich Preußen« heißt. Die Höhen auf der Gradabtheilungskarte (Generalstabskarte) werden von Normal-Null ab angegeben. Nach den neuesten Feststellungen liegt der Normal-Nullpunkt über dem Mittelwasser der Ostsee bei Swinemünde + 2,3 cm (± 2,43 cm), das Mittelwasser der Nordsee bei Amsterdam über der Ostsee + 14,4 cm (± 4,66 cm). (Die beigesetzten Werthe in Klammern geben die wahrscheinlichen Fehler dieser Ermittelungen an, die also einen Spielraum von mehr als 2 bz. 4 cm nach oben oder unten gewähren.) Im Weiteren ist bemerkenswerth, daß das Adriatische Meer um etwa 20 cm, das Mittelmeer um etwa 60 cm niedriger als die Ostsee und mithin auch niedriger als die Nordsee liegen.

Um in dem zu nivellirenden Terrain die Punkte gleicher Höhe, durch welche die Niveaulinien kenntlich gemacht werden, zu finden, steckt man nach verschiedenen Richtungen hin gerade Linien ab und bezeichnet dieselben in Abschnitten von 50 zu 50 m durch Nummernpfähle. Senkrechte Latten mit Theilstrichen, welche auf die Nummernpfähle gesetzt werden, dienen als Ziel für die Visur von Abschnitt zu Abschnitt. Die Visur in wagrechter Stellung ergiebt unmittelbar, um wieviel Lattentheilstriche der Fußpunkt der einen Latte höher liegt als der andere (s. Fig. 4). Aus dem Höhenunterschied AB und dem schrägen Abstand AC von 50 m läßt sich der Horizontalabstand BC leicht berechnen. In so einfacher Weise sind indeß nicht alle Höhenmessungen auszuführen; oft muß der Höhenunterschied zwischen zwei Punkten durch Winkelmessung und umständliche trigonometrische Berechnung ermittelt werden.

Die wahrscheinlichen Fehler bei Nivellements erreichen eine Höhe von 1 bis 5 mm auf 1 km. In den oben angegebenen Fällen waren sie jedoch weit geringer. Wenn auf die Strecke von Swinemünde bis Berlin von etwa 170 km Länge der Fehler ± 24,3 mm beträgt, so entfällt auf 1 km durchschnittlich ± 0,14 mm. Bei der Strecke Amsterdam—Swinemünde von etwa

640 km Länge beträgt der Fehler ± 46,6 mm, das macht auf 1 km etwa ± 0,07 mm. Der Fehler wächst aber bei gröfseren Entfernungen nicht in dem Verhältnifs der Anzahl der Kilometer, sondern der Quadratwurzel aus dieser Anzahl.

Schnelle Messungen zur Feststellung von Eisenbahntracen, wobei eine geringere Genauigkeit genügt, werden in neuester Zeit mit dem Tacheometer ausgeführt. In dem Fernrohre des letzteren werden die Gegenstände durch das Gitter eines feinen Fadennetzes betrachtet; die als Zielpunkte aufgestellten Distanzlatten erscheinen um so kleiner und füllen deshalb um so

Rechnung gezogen. Ein Barometerunterschied von 1 mm entspricht je nach Umständen einem Höhenunterschiede von 10 bis 15 m. Hieraus folgt, dafs derartige Messungen keine sehr grofse Genauigkeit ergeben können. Sie genügen aber in vielen Fällen und namentlich, wenn es sich darum handelt, zwischen zwei bereits auf andere Weise gemessenen Höhenpunkten noch Zwischenstufen einzuschalten.

Die äquidistanten Niveaulinien kommen auf Karten geringeren Mafsstabes seltener zur Anwendung. Das Terrain wird hier, wenn der Zweck der Karte die Bezeichnung des Terrains nicht etwa ganz ausschliefst, entweder

Fig. 4.

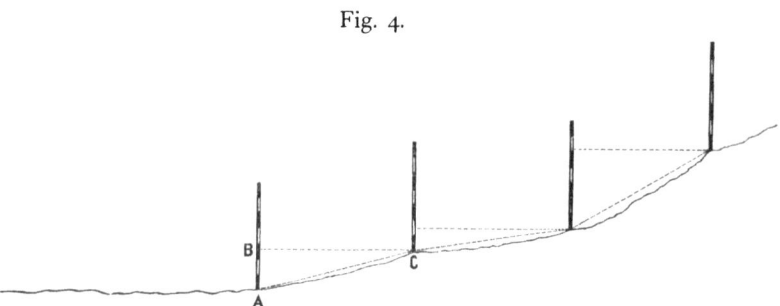

weniger Felder des Fadennetzes aus, je weiter sie entfernt sind. Da man nun die wirkliche Gröfse der Distanzlatten kennt, so läfst sich einerseits aus der Verkleinerung, in welcher sie im Fadennetz erscheinen, andererseits aus dem Visirwinkel mit ziemlicher Sicherheit sowohl die Entfernung als auch der Höhenunterschied zwischen dem Standpunkt des Fernrohres und dem der Distanzlatte berechnen.

Auch das Barometer wird, da jedem höher gelegenen Standorte eine Abnahme des Luftdruckes entspricht und die Beziehungen zwischen Höhe und Luftdruck sich nach physikalischen Gesetzen berechnen lassen, zu Höhenmessungen verwendet. Hierbei wird durch besondere Formeln und Tabellen der Einflufs der Luftwärme u. s. w. in

nach altfranzösischer Manier dargestellt, welche auf schräger (oder schräg gedachter) Beleuchtung, gewöhnlich aus Nordwest, beruht. Dementsprechend werden die schattigen Süd- und Ostabhänge der Berge in kräftiger Schraffirung, die übrigen Abhänge in schwacher Schraffirung zur Anschauung gebracht. Oder es wird das spätere Lehmann'sche Schraffirungssystem der senkrechten Beleuchtung angewendet. Starke Schraffirung bedeutet dann steilen Gebirgsabfall; je gröfser der Böschungswinkel, desto stärker und enger werden die Schraffirungsstriche gezogen. Beide Schraffirungsmethoden lassen sich mit den Niveaulinien vereinigen; die Schattenstriche der Schraffirung, am zweckmäfsigsten in bräunlicher Farbe, dienen in diesem

Falle zur Ausfüllung der Zwischenräume zwischen den Niveaulinien.

Die neue Ausgabe des grofsen Stieler'schen Handatlas enthält eine in Niveaulinien ausgeführte Höhenkarte von Mitteleuropa, in welcher die einzelnen Höhenschichten durch verschiedenfarbige Abtönung sehr klar und schön zur Anschauung gebracht worden sind.

Es liegt in der Natur der Sache, dafs die Anwendung und Vervollkommnung der Terraindarstellungsmethoden hauptsächlich in Gebirgsländern gepflegt wird, besonders wenn dieselben ihrer Naturschönheiten wegen so vielfach bereist werden, wie es z. B. bei der Schweiz der Fall ist.

Die Dufour'sche Karte der Schweiz in 25 Blättern, im Mafsstabe 1:100000, wird von Dr. Petermann als die unbedingt vorzüglichste Karte der Welt bezeichnet. »Sie vereinigt genaue Aufnahme mit musterhafter naturgemäfser Zeichnung und schönem geschmackvollen Stich in ausgezeichneter Weise zu einem harmonischen Ganzen und giebt ein naturwahres Bild der gesammten Alpennatur.« Da in dem Dufour'schen Atlas der Antrieb zur Verbesserung des ganzen europäischen Landkartenwesens zu suchen ist, so erachten wir es für angezeigt, bei der Besprechung desselben etwas länger zu verweilen. Der Atlas stützt sich zum Theil auf Vermessungen, deren Uranfänge bis in's vorige Jahrhundert zurückreichen. Ein eigentliches Dreiecksnetz als Grundlage für die topographische Karte wurde aber erst im Jahre 1833 durchgeführt. Viele Berge mufsten zu diesem Behufe erstiegen werden, ohne ein weiteres Ergebnifs, als die Wahrnehmung, dafs irgend ein Gebirgsrücken die regelrechte Fortsetzung des entworfenen Netzes unmöglich mache und mithin ein anderes System der Dreiecksverbindung ausgemittelt werden müsse.

Die hiermit verbundenen Schwierigkeiten werden im Jahrbuch des Schweizer Alpenklubs 1872/73 in folgender Weise geschildert:

»Das Besteigen hoher Bergspitzen trifft zwar bis zu den obersten Alphütten auf kein erhebliches Hindernifs; von da ab aber müssen Felsgrate erklommen, Schneeflächen und Gletscher überschritten und der Muth der mit den Instrumenten und Zeltgeräthschaften schwer belasteten Träger aufrecht erhalten werden. Sind dann bei der Ankunft auf dem Gipfel die Signale sichtbar, so mufs sogleich, der körperlichen Müdigkeit ungeachtet, an die Winkelmessung geschritten werden. Ist die Witterung ungünstig, so werden die Leute verabschiedet, das Zelt bezogen, und es tritt binnen Kurzem ein unbehaglicher, Körper und Geist in hohem Grade erschlaffender Zustand ein. Alle Wechselfälle des schlechten Wetters, und insbesondere die Nebel, in denen das Zelt oft tagelang eingehüllt ist, vermehren noch das Traurige eines solchen Wohnortes u. s. w.«

Bei Ausführung der Vermessungen haben dann die Ingenieure ganze Sommer in den entlegensten wildesten Gegenden der Erde zugebracht und waren grofsen Gefahren ausgesetzt. »Einer von ihnen, Glanzmann, ist durch den Sturz von einer steilen Höhe zu Grunde gegangen; Oberst Buchwalder wurde auf dem Säntis in seinem Zelte vom Blitz getroffen und auf einer Seite des Körpers gelähmt; der neben ihm liegende Gehülfe wurde getödtet.«

Die dem Dufour'schen Atlas zu Grunde liegenden Originalaufnahmen, welche in gröfserem Mafsstabe (1:25000 für ebene Gegenden, 1:50000 für Gebirgsgegenden) angefertigt sind, werden — zum Theil auf Grund neuer Vermessungen — in 546 Blättern veröffentlicht; jedes Jahr erscheint eine Lieferung von 12 Blättern. Dieselben entsprechen den von der preufsischen Landesaufnahme herausgegebenen »Mefstischblättern«, sind jedoch in Farbendruck hergestellt, die Terraincurven braun, Gewässer und Gletscher blau, Schrift, Strafsen, Ortschaften, Gebäude, Grenzen, Wälder schwarz. Felsmassen und Felswände, die wegen ihrer Steilheit die Zeichnung der Curven nicht gestatten, haben schwarze Schraffirung in schiefer Beleuchtung, dabei richtige Umrisse, so dafs die Formen künstlerisch zur Darstellung gelangen.

Die mit so grofsem Aufwand von Scharfsinn, Mühe und Fleifs hergestellten Karten mit äquidistanten Niveaulinien enthalten aufser dem Grundrifs der Gegend auch den Aufrifs derselben, den andere Karten nur andeuten, so vollständig und klar, dafs man danach nicht allein auf das Eingehendste sich orientiren, sondern sogar die ganze Gegend mit Berg und Thal in verkleinerter Form körperlich nachbilden, d. h. ein naturgetreues Relief der Gegend anfertigen kann. Ein solches hat namentlich für den Laien weit gröfsere Anschaulichkeit und Ueberzeugungskraft, als eine flache Karte. Die Anfertigung des Reliefs läfst sich regelrecht, aber allerdings etwas mühsam dadurch bewirken, dafs man aus Holz oder Pappscheiben von gleichmäfsiger Stärke die einzelnen Niveauschichten der Karte entsprechend ausschneidet, sie terrassenförmig auf einander klebt und schliefslich das Ganze mit einem dünnen farbigen, die Natur nachahmenden Ueberzug oder Anstrich bekleidet. Ein so erzeugtes Modell wird, in einer weichen Masse abgedrückt, sich beliebig vervielfältigen lassen.

Bei kleineren Reliefs pflegen die Höhenverhältnisse, weil sie sonst nicht genügend hervortreten würden, in einem gröfseren Mafsstabe als dem des Grundrisses dargestellt zu werden. So befindet sich im Museum des Reichs-Postamts ein schönes Relief von Mittel-

europa im Mafsstabe 1 : 1 500 000 für den Grundrifs, aber 1 : 100 000 (also 15 Mal so grofs) für die Höhen. Auch die hauptsächlichsten Eisenbahnen sind hier eingezeichnet, und es ist interessant, dieselben durch die Windungen der Gebirgsthäler und über die Alpenpässe, Mont - Cenis, St. Gotthard, Brenner, Semmering, Arlberg zu verfolgen.

Vorzügliche Reliefs in gröfserem Mafsstabe befinden sich in der Ruhmeshalle zu Berlin: die Umgegend von Nachod 1 : 10 000 (Höhen 1 : 4 000); Königgrätz 1 : 10 000 (Höhen 1 : 2 000); Düppel, Paris 1 : 1 000 bz. 1 200; Maubeuge, Sedan, Givet, Mezières, Cambray, Valenciennes, Condé, Philippeville, Longwy, Le Quesnay, Lille, Landau, Thionville, Avesnes, Bitsch, Strafsburg, sämmtlich 1 : 600.

Ferner hat das Reichs - Postmuseum einen Relief-Globus, auf welchem nicht allein die Erhebungen der Gebirge, sondern auch die verschieden abgestuften Vertiefungen des Meeresgrundes plastisch wiedergegeben sind.

Neuerdings sind im Buchhandel kleine, auf Pappe geprefste Reliefkarten sowohl der Erdtheile als einzelner Länder zu ganz wohlfeilen Preisen erschienen. Dieselben, wenn auch etwas grob ausgeführt, gewähren doch einen schnellen und überzeugenden Ueberblick der allgemeinen Bodengestaltung; durch Einzeichnung der Eisenbahnen veranschaulicht man sich, wie die Bodengestaltung bestimmend auf die Entwickelung des Eisenbahnnetzes eingewirkt hat.

Auch photographische Abbildungen von Reliefs unter schräger Beleuchtung sind hergestellt worden. Ein uns vorliegendes aus neuester Zeit stammendes »Reliefphotogramm« stellt die Umgegend von Dresden im Mafsstab 3 : 100 000, andere stellen in 4 Blättern die sächsische Schweiz im Mafsstab 1 : 50 000 dar. Sie bestehen aus Meſstischblättern des Königlich sächsischen Generalstabes, die man zunächst auf Holztafeln von 1,2 mm Dicke geklebt und sodann, den Niveaulinien mit der Laubsäge genau folgend, in lauter einzelne Höhenschichten zerschnitten hat. Letztere wurden darauf über einander befestigt, und das so entstandene stufenförmige Relief wurde ohne weitere glättende Bearbeitung photographisch abgebildet. Diese Karten eignen sich gut für Touristen, sowohl wegen des groſsen Maſsstabes und der Beibehaltung der Höhenschichtlinien, als auch deshalb, weil das Auge, ohne erst Höhenzahlen abzulesen, aus dem Schattenwurf sofort ersieht, ob Hebungen oder Senkungen des Bodens vorliegen. Nur verdunkelt dieser Schattenwurf die von ihm getroffenen Namen u. s. w., und man muſs sich deshalb zuweilen des Vergröſserungsglases bedienen.

Um eine topographische Karte bei dem Bereisen einer Gegend bequem benutzen, um die von Punkt zu Punkt einzuschlagende Richtung verfolgen und mit der Wirklichkeit vergleichen zu können, hat man die Karte so zu drehen, daſs ihre Himmelsgegenden mit denen der Wirklichkeit übereinstimmen. Aus der Karte müssen also vor allen Dingen die Himmelsgegenden unzweideutig zu ersehen sein. Dieser Bedingung wird genügt, wenn zwei Meridiane die Karte begrenzen, wie es bei den preuſsischen Gradabtheilungskarten der Fall ist. Derselbe Zweck wird aber auch durch jede beliebige, die Karte schneidende Linie erreicht, sobald man deren Abweichungswinkel vom Meridian genau kennt. Man gebraucht in der Geodäsie und Astronomie für den Abweichungswinkel vom Meridian, und zwar vorzugsweise von der Südrichtung des Meridians, den technischen Ausdruck »Azimut« und sagt z. B. von der

genauen Richtung nach Nordost: diese Richtung hat ein Azimut von 225 Grad oder von 45 Grad von Nord nach Ost.

Die Bestimmung des Azimut schlieſst die Ermittelung der Meridianrichtung in sich und fällt in's Gebiet der Astronomie.

Wenn ein Beobachter der Sonne zur Mittagszeit denjenigen Augenblick abwartet, in welchem die Sonne ihren höchsten Standpunkt für den betreffenden Tag erreicht (culminirt), so giebt die Richtungslinie zwischen dem Fernrohr des Beobachters und dem höchsten Standpunkt der Sonne den Meridian an.

Abends oder Nachts wird der Meridian gefunden, indem man die Lage des Himmelspols ermittelt. Da in Folge der Erddrehung das ganze Himmelsgewölbe mit seiner Fixsternzeichnung scheinbar einen Kreis (um die Erdachse, für die Bewohner der nördlichen Erdhälfte also um den Nordpol) beschreibt, so hat man einen derjenigen Fixsterne, welche sich in der Nähe des Pols befinden und aus diesem Grunde die ganze Nacht sichtbar sind (Circumpolarsterne), in seinem östlichsten und seinem westlichsten Stande zu beobachten: genau in der Mitte zwischen diesen beiden Punkten liegt die Richtung nach dem Himmelsnordpol. Die durch letzteren gelegte Vertical - Ebene giebt die Richtung des Meridians an. Zu solchen Beobachtungen eignet sich vorzugsweise der mit dem Namen Polarstern benannte Stern α im kleinen Bär. »Ein günstiger Zufall hat es gefügt,« sagt Professor Jordan in seinen Grundzügen der astronomischen Zeit- und Ortsbestimmung, »daſs in unserem Jahrhundert die Erdachse ziemlich nahe gegen diesen hellen, leicht auffindbaren Stern gerichtet ist.« Die Entfernung von demselben bis zu demjenigen Punkte, an welchem die verlängerte Erdachse das scheinbare Himmelsgewölbe trifft, beträgt jetzt unge-

fähr 1 $1/4$ Grad (das sind etwa
2 $1/2$ Mondsbreiten). Es geht aus
den astronomischen Beobachtungen
hervor, dafs die Richtung der Erdachse und somit auch die Himmels-
pole nicht unveränderlich sind. In
ähnlicher Weise, wie man es bei einem
drehenden Kreisel beobachten kann,
hebt und senkt sich die Achse perio-
disch; die Perioden aber messen nach
Jahrtausenden. In den nächsten beiden
Jahrhunderten wird der Nordpol dem
jetzigen Polarstern bis auf $1/2$ Grad (eine
Mondsbreite) sich nähern, vom Jahre
2100 ab aber allmählich sich wieder
entfernen, bis um das Jahr 9000 der
Stern Deneb im Schwan, um das Jahr
13000 Vega in der Leyer zum Polarstern wird. Um das Jahr 28000 aber
nimmt die kreisende Erdachse ihre
jetzige Richtung gegen den Stern α
des kleinen Bär wieder ein.

Mit der Ermittelung und Einzeichnung der die Richtung zum Nordpol
anzeigenden Meridianlinie ist der Anfang gemacht für die Bestimmung des
G r a d n e t z e s der Karte. Zunächst
gilt es, festzustellen, wieviel Grad
L ä n g e dem eingezeichneten Meridian
zukommen, oder mit anderen Worten,
um wieviel Grad derselbe von einem
anderen bekannten Meridian — etwa von
Berlin, Greenwich oder Paris u. s. w. —
entfernt ist. Diese Ermittelung geht
von folgender Erwägung aus: Da das
ganze Himmelsgewölbe mit der Sonne
und den übrigen Fixsternen in 24 Stunden eine volle Kreisdrehung von 360
Graden macht, so vollzieht sich in
1 Stunde eine Drehung von 15 Graden,
in 1 Minute eine Drehung von $1/4$ Grad,
in 1 Secunde eine Drehung von $1/{240}$
Grad. Der Längenunterschied zwischen zwei Orten A und B ist also
zu entnehmen aus der Zeit, welchen
irgend ein Punkt des Himmelsgewölbes,
die Sonne oder ein anderer Fixstern
u. s. w., gebraucht, um den Weg von
dem Meridian des Ortes A bis zum

Meridian des Ortes B zurückzulegen.
Dieser Zeitverbrauch läfst sich aber
dadurch ermitteln, dafs man in A wie
in B bereit gehaltene, genau gehende
Uhren in dem Augenblicke, in welchem
die Sonne (oder irgend ein bestimmter
Fixstern) den Meridian erreicht, abliest
und dann die Zeitangaben beider Uhren
mit einander vergleicht.

Besteht keine telegraphische Verbindung zwischen beiden Orten, so mufs
behufs Ermittelung des Zeitunterschiedes
die eine Uhr zu der anderen befördert
werden. So wurden im Jahre 1826 die
Längenunterschiede zwischen Altona,
Helgoland, Bremen und Greenwich
durch sechsmalige Reisen mit 85 Chronometern bestimmt, 1843 reisten 68
Chronometer 15 Mal zwischen Pul-
kowa (der Sternwarte bei St. Peters-
burg) und Greenwich hin und her.
Die Längenunterschiede zwischen Pul-
kowa, Archangelsk und Moskau wurden 1857 durch 4 Reisen mit 30
Chronometern ermittelt. Die zuvor
auf ihren Gang sorgfältig geprüften
Uhren wurden in so grofser Anzahl
verwendet, um aus den Durchschnitten
sämmtlicher Angaben möglichst genaue
Ergebnisse zu erhalten.

Der Augenblick, in welchem die
Sonne ihren höchsten Stand erreicht,
d. i. den Meridian passirt, läfst sich,
mit dem Meridian zugleich, auf noch
andere Weise, als oben angegeben,
feststellen, indem man an einem Winkel-
mefsinstrumente die Höhe des oberen
Sonnenrandes zu einer bestimmten
Uhrzeit Vormittags vermerkt und
dann abwartet, zu welcher Zeit Nach-
mittags der obere Sonnenrand wieder
dieselbe Höhe hat (correspondirende
Sonnenhöhen). Das arithmetische Mittel
zwischen beiden Zeiten entspricht nach
Anbringung einer kleinen von der Veränderung des Polabstandes der Sonne
abhängigen Verbesserung der wahren
Mittagszeit des betreffenden Ortes. Die
Mittagslinie aber findet man durch

Halbirung des Horizontalwinkels, welchen die Visirlinien nach dem Vormittagsstandpunkte und dem Nachmittagsstandpunkte mit einander bilden.

Eine weitere Methode, Längenunterschiede festzustellen, beruht auf der Beobachtung der Planeten- und Mondbewegungen. Die damit zusammenhängenden Erscheinungen am Himmelsgewölbe, wie z. B. Verfinsterungen der Jupitersmonde, Mondfinsternisse u. dergl., werden von den Astronomen im Voraus berechnet, und man findet in den astronomischen und nautischen Jahrbüchern die Zeit angegeben, wann die betreffende Erscheinung u. s. w. in Berlin, Greenwich, Paris u. s. w. gesehen wird. Beobachter an beliebigen anderen Orten haben also nur den Zeitpunkt des Eintritts nach ihrer Ortszeit genau festzustellen und mit den Angaben der Jahrbücher zu vergleichen, um den Zeitunterschied und mithin auch den Längenunterschied zwischen ihrem Orte und Greenwich u. s. w. zu ermitteln.

Für den Seefahrer finden die oben genannten Erscheinungen nicht häufig genug statt, um seinem Bedarf der Längenfeststellung zu genügen. Ihm gilt als das brauchbarste und wichtigste Zeichen der jeweilige Abstand zwischen dem Monde und den bedeutenderen Fixsternen, welchen er ebenfalls in den Jahrbüchern in Graden, Minuten und Secunden im Voraus für die Stunden jedes Tages nach Greenwicher oder Pariser Zeit angegeben findet. Dieser Abstand ändert sich in jeder Stunde um etwa $\frac{1}{2}$ Grad, d. i. eine Mondsbreite; um so viel bleibt scheinbar der Mond in Folge seiner Bewegung um die Erde gegen die Fixsterne in der Bewegung von Osten nach Westen zurück. Die Messung des Abstandes läfst sich mit dem Spiegelsextanten, einem Winkelmefsinstrument, das aus freier Hand gebraucht wird und keines festen Standortes bedarf, auch von Schiffen aus mit genügender Genauigkeit ausführen. Durch Vergleichung des Ergebnisses und des nach der Ortszeit (Schiffszeit) festzustellenden Zeitpunktes der Messung mit den Angaben der Jahrbücher ergiebt sich Zeit- und Längenunterschied. Dabei ist allerdings noch auf mancherlei Nebenumstände Rücksicht zu nehmen. Die Mondentfernungen in den Jahrbüchern sind z. B. so berechnet worden, wie sie vom Erdmittelpunkte erscheinen würden; die vom Beobachtungspunkte aus ermittelten Entfernungen müssen deshalb auf den Erdmittelpunkt umgerechnet werden.

Die eben erläuterte » Methode der Monddistanzen« ist seit einigen Jahrhunderten bekannt. Aber erst gegen die Mitte des vorigen Jahrhunderts gelangte man dahin, die überaus schwierige Theorie der Mondbewegung so weit auszubilden, dafs darauf genaue und zuverlässige Berechnungen gegründet werden konnten. Die von Tycho Brahe aufgestellten Mondtafeln ergeben noch Fehler bis zu 4 Grad bei der Längenbestimmung. Durch die vom englischen Parlament preisgekrönten Tafeln des Tobias Mayer wurde aber die Fehlergrenze auf wenige Zeit-Minuten beschränkt. In unserer Zeit sind in Folge bedeutender Verfeinerung der Vorausberechnung der Mondörter nur Fehler von mehreren Zeit-Secunden, bei der Längenbestimmung mit den festen Instrumenten der Sternwarten und bei telegraphischem Zeitaustausch aber nur Fehler von wenigen Hundertsteln der Zeit-Secunden zu befürchten.

Weniger Schwierigkeiten als die Längenbestimmung verursacht die Feststellung der geographischen Breite. Dieselbe läuft auf die Messung des Bogens, um welchen der Himmelspol sich über den Horizont erhebt, hinaus. Jemand, der sich auf dem Erdpol selbst, also 90 Grad vom Aequator, befände, würde den Himmelspol gerade über sich im Zenith, also 90 Grad über dem Horizont erblicken. Mit jedem Grade, um welchen der Beobachter sich vom Pol entfernt, würde auch der Himmelspol um 1 Grad niedriger erscheinen, bis er, vom Aequator aus beobachtet, in den Horizont versänke. Geographische Breite und Polhöhe sind mithin einander gleich.

Um den Höhenwinkel des Pols zu bestimmen, bedarf man, wie bei dem Nivelliren, eines Fernrohrs mit einer Vorrichtung, an welcher sich jede Abweichung der Fernrohrstellung von der wagrechten Linie in Graden, Minuten und Secunden ablesen läfst (Höhenkreis). Man braucht hiermit nur die kleinste und die gröfste Höhe in der sogenannten unteren und oberen Culmination des Polarsternes oder irgend eines anderen um den Pol kreisenden Fixsternes zu messen und von beiden Messungen das arithmetische Mittel zu nehmen, um die Polhöhe zu erhalten. Ja, es genügt — da die Entfernung sämmtlicher Gestirne vom Aequator wie vom Pol längst festgestellt und in den Sternverzeichnissen angegeben ist — der Höhenwinkel einer einzigen Culmination, oder noch einfacher, der Höhenwinkel eines beliebigen Sternes zu einer beliebigen Zeit — vorausgesetzt, dafs man gleichzeitig den Zeitpunkt der Beobachtung genau feststellt.

Die wahrscheinlichen Fehler bei den neueren Messungen der Polhöhe (d. i. der geographischen Breiten) erreichen meistens noch nicht die Höhe von 0,1 Bogen-Secunde, sind also geringfügiger, als die Fehler der Längenunterschiede. In der Nähe grofser Gebirge kommen aber Ausnahmen vor, und zwar in Folge der besprochenen Lothablenkungen. So beträgt der Breitenunterschied zwischen den durch den Kaukasus getrennten Orten Wladikawkas und Duschek, auf astronomischem Wege ermittelt, 54 Bogen-Secunden mehr als auf geodätischem

Wege, das sind etwa 1,66 km. Bei Durchbohrung des St. Gotthard hatte man die Länge des Tunnels durch astronomische Bestimmung seiner Endpunkte im Voraus berechnet — wie sich nach Vollendung des Tunnels ergab, um 8 m zu grofs. Dies läuft auf einen Fehler in der Bestimmung des geographischen Breitenunterschiedes von etwa 0,25 Bogen-Secunden hinaus, während die Berechnung des Niveaus und der seitlichen Lage der Tunnelaxe nur die geringen Abweichungen von 0,1 bz. 0,2 m ergab.

Durch die Längen- und Breitenfeststellung an möglichst vielen Orten wird ein Netz festgelegter Punkte um die Erde gesponnen, mittels dessen die durch Basis- und Winkelmessungen auf der Erde gewonnenen topographischen Einzelkarten, wie wir später zeigen werden, sich zu einem Ganzen vereinigen lassen. Die zuverlässigsten Punkte dieses Netzes sind diejenigen Orte, an welchen sich Sternwarten befinden, weil letztere mit allen erforderlichen Instrumenten versehen sind, welche dem heutigen Stande der Wissenschaft entsprechen, auch mit peinlichster Genauigkeit geprüft, aufgestellt und in feste Pfeiler eingebettet sind — Umstände, auf welche, wie wir oben gesehen haben, sehr viel ankommt, um die bei Winkelmessungen zu befürchtenden Fehler auf das geringste Mafs zu beschränken. In den seit dem Jahre 1866 von E. Behm, später von Hermann Wagner herausgegebenen »Geographischen Jahrbüchern« findet man in Zeiträumen von zwei zu zwei Jahren die wichtigsten Ergebnisse der Längen- und Breitenmessungen in Bezug auf Sternwarten und ähnliche Beobachtungsorte aufgezeichnet. Aus der Vergleichung dieser Aufzeichnungen von Jahrgang zu Jahrgang erhält man ein Bild von den Fortschritten auf diesem Gebiete. Von 150 Sternwarten u. s. w. haben 85 in dem Jahrgang 1882 veränderte Angaben, hauptsächlich in Bezug auf die geographische Länge, gegen den Jahrgang 1880 erhalten. Im Jahrgang 1884 ist die Zahl der aufgenommenen Beobachtungsorte von 150 auf 175 erhöht. Von diesen befinden sich:

37 im nördlichen Amerika (als äußerste Punkte Quebec, S. Francisco, Ogden, Mexico — die übrigen hauptsächlich in dem östlichen Theile der Vereinigten Staaten);

3 in Südamerika (Cordoba in Argentinien, Rio de Janeiro, St. Jago in Chili);

3 in Asien (Bombay, Madras, Taschkent);

2 in Afrika (Cairo und Cap der guten Hoffnung);

6 im südöstlichen Australien (Adelaide, Melbourne, Sydney, Paramatta, Windsor, Williamstown);

1 in St. Helena.

Die übrigen Beobachtungsorte liegen in Europa.

Die Zahl der abgeänderten Angaben gegen den Jahrgang 1882 beträgt 19. Die Aenderungen beruhen auf genaueren Feststellungen, meistens unter Benutzung der Telegraphie zur Vergleichung der Ortszeiten.

Die Größe der Abweichungen beschränkt sich mit seltenen Ausnahmen auf wenige Bogen-Secunden. Eine Bogen-Secunde (gleich $1/15$ Zeit-Secunde) Längenunterschied kommt in unserem Breitengrade einer Entfernung von etwa 0,018 km, am Aequator einer Entfernung von 0,033 km gleich; das sind nach dem Maßstabe der topographischen Karten (1 : 100 000) etwa 0,18 mm bz. 0,33 mm. Eine Längenberichtigung selbst um 10 Bogen-Secunden würde auf jenen Karten eine Verschiebung von 2 bz. 3,3 mm nach Osten oder Westen zur Folge haben, welche den betreffenden Ort nebst seiner Umgebung und allen damit zusammenhängenden Vermessungsdreiecken träfe und unter Umständen auch auf die

benachbarten Kartenabtheilungen bis zu dem nächsten astronomisch festgestellten Punkte hin zu vertheilen und auszugleichen wäre. Die gegenseitigen Lagen und Entfernungsverhältnisse der Orte auf den betroffenen Kartenabtheilungen würden dadurch nur in unerheblicher Weise geändert werden — bei einem Kartenmaßstabe von 1 : 1 000 000 würde die Verschiebung gar nicht mehr zur Erscheinung kommen.

Von ganz anderem Umfang waren die Lagenabweichungen, welche noch im Anfang unseres Jahrhunderts bei wiederholten Aufnahmen derselben Gegenden sich herausstellten. In Mexico wurde die Lage von Acapulco, Veracruz und Mexico, dreier Punkte, welche ein fast rechtwinkliges Dreieck mit einer Grundlinie von etwa 450 km bilden, wiederholt von namhaften Gelehrten bestimmt (von d'Anville um 1746, Alzate 1768, Velasquez 1778, Cassini 1784, Arrowsmith 1803, Alexander von Humboldt 1803 u. A.). Die Ergebnisse weichen in Betreff der geographischen Breite um Unterschiede bis zu $1/2$ Grad, in Betreff der Länge um Unterschiede von 2 bis 4 Grad von einander ab, das sind 212 bis 424 km. Humboldt's Feststellung gilt noch heute als die richtigste.

Uebrigens können auch die Längen- und Breitenbestimmungen unserer Tage, soweit sie in außereuropäischen Ländern und nicht auf Sternwarten stattgefunden haben, keineswegs als endgültig feststehend angesehen werden. Dieser Umstand ist wichtig genug, um bei Feststellung von Landesgrenzen u. s. w. in Erwägung gezogen zu werden. In dem zu Berlin am 6. April 1886 abgeschlossenen Staatsvertrage zwischen Deutschland und England, betreffend die Abgrenzung der beiderseitigen Machtsphären im westlichen Stillen Ocean, ist deshalb bei Festsetzung der Demarkationslinie (von Neu-Guinea längs des 8. südl. Breitengrades bis zum 173½. Grade östl. Länge und 6. bz. 15. Grade nördl. Breite) folgende Bestimmung getroffen worden: »Wenn fernere Vermessungen ergeben sollten, dafs irgend welche Inseln, die jetzt auf den Karten als auf der einen Seite der bezeichneten Theilungslinie liegend angegeben sind, in Wirklichkeit auf der anderen Seite liegen, so wird die bezeichnete Linie so geändert werden, dafs solche Inseln auf derselben Seite der Linie erscheinen, auf welcher sie gegenwärtig auf den erwähnten Karten angegeben sind«.

Die Zahl der in Europa überhaupt ausgeführten genauen Ortsbestimmungen beträgt bis jetzt nach dem Berichte Ferreros:

in Oesterreich-Ungarn...	582,
- Bayern und Pfalz....	126,
- Belgien	78,
- Dänemark.........	54,
- Frankreich und Algier	579,
- Grofs-Britannien.....	262,
- Italien	203,
- Norwegen.........	67,
- Niederland	50,
- Portugal	63,
- Preufsen	393,
- Rumänien (österreich. Triangul)........	124,
- Rufsland	701,
- Sachsen...........	37,
- Schweiz	29,
- Spanien	285,
- Württemberg	7,
überhaupt....	3 640.

(Geogr. Jahrb. f. 1884.)

Die Anfertigung des Gradnetzes.

Durch alle bisher besprochenen Verrichtungen werden nur verhältnifsmäfsig kleine Theile der Erdoberfläche abgebildet. Ein Blatt der deutschen Gradabtheilungskarte (Generalstabskarte) umfafst z. B. nur $\frac{1}{4}$ Grad geographischer Breite und $\frac{1}{2}$ Grad Länge. Die ursprünglichen Aufnahmeblätter (Mefstischblätter) haben noch geringeren Umfang. Dank der Geschicklichkeit und Sorgfalt der Topographen lassen solche Blätter, wie wir gesehen haben, an Genauigkeit kaum etwas zu wünschen übrig und dienen deshalb für die Anfertigung gröfserer Karten als authentisches Material, bei dem man nur zu beklagen hat, dafs es kaum für alle Länder Europas in genügender Weise, für die übrigen Theile der Erde aber nur in spärlichen Ausnahmefällen vorhanden ist. Wenn zur Anfertigung topographischer Karten geodätische und astronomische Kenntnisse nicht entbehrt werden können, so scheint dagegen die Gesammtkarte eines Landes eine ganz einfache Arbeit zu sein, welche jeder Zeichner durch blofse Zusammensetzung und entsprechende Verkleinerung topographischer Karten ohne Schwierigkeit auszuführen im Stande sein müfste.

Macht man aber beispielsweise mit den Sectionen der preufsischen Generalstabskarte, die als topographische Musterblätter gelten können, den Versuch, sie zu einer Gesammtkarte zu vereinigen, so findet man zunächst, dafs jede Section kein Rechteck, sondern ein Trapez bildet, dessen untere Seite gröfser ist als die obere. Diese Trapeze passen zwar streifenweise in der Meridianrichtung oder in der Parallelrichtung an einander; legt man aber mehrere der so entstandenen Streifen neben einander, so lassen sich dieselben nur an einer Stelle völlig zusammenfügen, um sich von da aus allmählich von einander zu entfernen. Sie bilden also kein zusammenhängendes Ganzes. Nur dann würden sie sich nahezu an einander fügen, wenn man sie auf eine Fläche legte, die etwas gewölbt wäre, und zwar so, dafs ihre Wölbung der Erdkugelwölbung entspräche. Da der durchschnittliche Erdhalbmesser etwa 6 370 000 m Länge hat, so würde die Kartenwölbung bei dem Maßstab 1 : 100 000 einen Halbmesser von etwa 63,7 m bedingén; das ergäbe für eine Kartenfläche von 10 Grad Ausdehnung eine Breite von 10,9 m und eine Wölbungshöhe von 24,2 cm (nämlich $1 - \cos\dfrac{10^\circ}{2}$ mal dem Erdhalbmesser, dividirt durch 100 000).

Die Generalstabskarten, wie alle möglichst richtigen topographischen Karten, sind eben möglichst getreue Abbildungen der gewölbten Erdoberfläche und geben als solche auch die Wölbung wieder; letztere kommt aber bei einem einzelnen Blatte nicht zur Erscheinung,

Wir stehen also, wenn wir aus topographischen Karten ebene Landeskarten herstellen wollen, vor der Aufgabe, Zeichnungen, die sich auf gewölbter Fläche befinden, in ebene Darstellung zu verwandeln. Die hierbei auftretenden Schwierigkeiten lassen sich veranschaulichen an der Art und Weise, wie man eine Apfelsinenschale in Form einer Seerose zu zerlegen pflegt, s. Fig. 5.

Die die Schale zertheilenden Schnittlinien mögen als Erdmeridiane, die Punkte, in welchen sie oben und unten zusammentreffen, als Erdpole gelten. Jeder Schalenstreifen erhält, wenn man ihn glatt drückt, Lanzettenform (wobei

Fig. 5

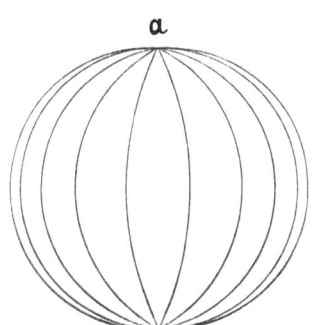

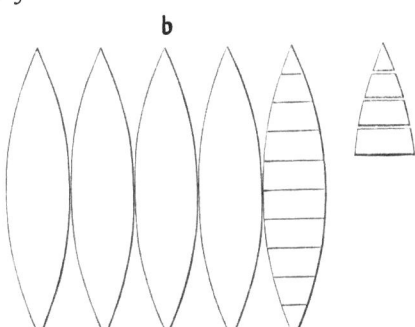

da auf $^1/_4$ Grad Breite bei dem Maßstab 1 : 100 000 nur 0,16 mm Wölbungshöhe, also kaum die Stärke eines Kartenblattes entfällt.

Abbildungen ganzer Länder dagegen sind, wenn man die den topographischen Karten eigene Genauigkeit nicht einbüßen will, nur auf einer Kugelfläche wiederzugeben. Ganz streng genommen, müßte es sogar eine Ellipsoidfläche sein, denn die Generalstabskarten sind auf das Erd-Ellipsoid berechnet, dessen Gradtheilung, wie wir später sehen werden, von der der Kugel wesentlich abweicht. Bei einem kleineren Maßstabe, wie er für einen Globus anwendbar wäre, kommen diese Abweichungen nicht in Betracht.

man allerdings davon absehen muß, daß der Streifen außer in der Länge auch in der Breite eine gelinde Krümmung hat, die um so eher vernachlässigt werden kann, je schmäler man den Streifen macht). Legt man die platt gedrückten Streifen neben einander in eine Ebene, so nimmt man wahr, daß sie oben und unten aus einander klaffen (s. Fig. 5 b). Zertheilt man die Streifen durch wagrechte Linien, so entstehen Trapeze, denen man kaum noch ansieht, daß ihre Grenzen rechts und links aus krummen Linien bestehen; je kleiner man die Theile macht, desto mehr gleichen dieselben geradlinigen Trapezen, die sich, wie die Generalstabssectionen, nach oben und unten wieder zu dem lanzettenförmigen Streifen, aus dem sie entstanden sind, auch nach rechts und links mit den Nachbartrapezen vereinigen lassen, aber nicht in gröfseren Partien im Geviert genau zusammengefügt werden können, — es sei denn, dafs man die Vereinigung durch Veränderung der Gröfse oder der Form der Trapeze erzwingt. Die aus der erzwungenen Vereinigung nothwendigerweise entstehenden Fehler sind, wie der Augenschein lehrt, von ganz erheblichem Umfange, und es erscheinen im Vergleich mit denselben die bei der Anfertigung der topographischen Karten etwa vorgekommenen kleinen Ungenauigkeiten als unwesentlich und bedeutungslos.

Einer der Hauptzwecke der Gradnetz- oder Landkarten-Projectionslehre besteht darin, jene Fehler für jeden besonderen Fall auf das geringste Mafs zu beschränken. Hierzu dienen verschiedene Methoden, von denen wir die gebräuchlichsten an den durch Zerlegung unserer Apfelsinenschale entstandenen Trapezen erläutern wollen.

Nachdem aus jenen Trapezen die ursprünglichen lanzettenförmigen Streifen (Meridianstreifen) ganz oder theilweise wieder zusammengesetzt worden sind, erzwingt man die Vereinigung der Streifen in der Ebene am einfachsten dadurch, dafs man die gekrümmten Grenzlinien (Meridiane), welche das Hindernifs der Vereinigung sind, in gerade Linien verwandelt. Dies ist auf verschiedene Weise ausführbar, wie in den folgenden Abbildungen erläutert werden soll.

I. Man legt die Streifen so, dafs sie sich in der Mitte berühren, halbirt die oberhalb und unterhalb der Berührungspunkte vorhandenen Spalten durch gerade Linien und verbreitert die Streifen bis zu den Halbirungslinien. Hierdurch behält jeder Meridianstreifen und

jedes Trapez desselben in der Richtung von oben nach unten (Nord nach Süd) das richtige Mafs; in westöstlicher Richtung, von rechts nach links, aber werden sämmtliche Trapeze, mit Ausnahme der mittelsten, zu breit, ihre oberen und unteren Begrenzungslinien (die Parallelgrade) werden zu grofs, und das um so mehr, je weiter sie sich von der Mitte entfernen. Aus den so umgeformten Meridianstreifen würde durch entsprechende Zusammenfügung auf gebogener Fläche die ursprüngliche Kugel nicht wieder herzustellen sein, es würde vielmehr ein

Fig. 6.

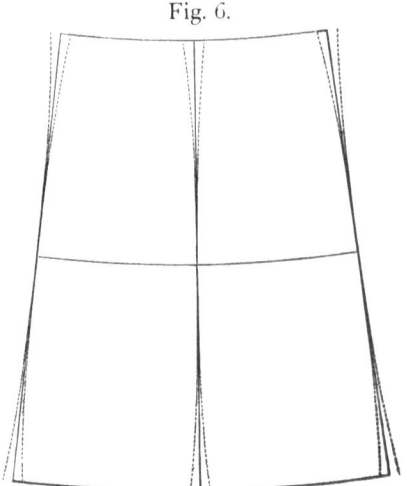

Kegel entstehen, dessen Mittelparallel mit dem entsprechenden Parallelkreise der Kugel zusammenfiele. Die auf der Kugelfläche befindliche Landkarte würde auf solche Weise auf einen die Kugel berührenden Kegel (Tangentialkegel) übertragen, dessen abgewickelter Mantel sich zur ebenen Fläche ausbreiten läfst (Kegelprojection mittels umschriebenen Kegels) s. Fig. 6.

II. Man kann die gekrümmten Grenzlinien der Meridianstreifen auch dadurch in gerade Linien verwandeln, dafs man die nach rechts und links hervortretenden Bögen jedes Streifens abschneidet. Dadurch werden die

Streifen in der Mitte zu schmal, die Parallelgrade, mit Ausnahme des obersten und untersten, zu klein. Fügt man die Streifen dann, wie bei der vorigen Methode, zu dem Mantel eines Kegels zusammen, so ist dieser Kegel kein die Kugel berührender, sondern ein eingeschriebener Kegel, dessen oberster und unterster Parallelkreis mit dem entsprechenden Parallelkreise der Kugel zusammenfallen (Kegelprojection mittels eingeschriebenen Kegels) — s. Fig. 7.

III. Man schneidet von den Meridianstreifen, um sie geradlinig zu

Fig. 7.

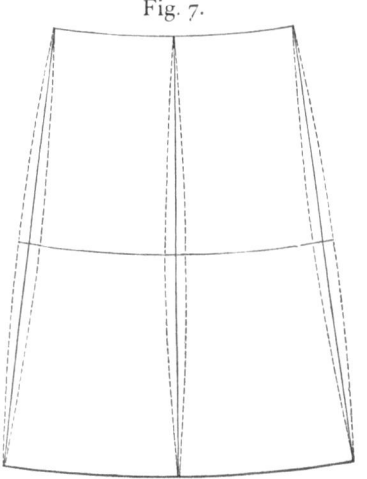

machen, nicht die ganzen, rechts und links hervortretenden Bögen, sondern nur den mittleren Theil, das mittlere Viertel oder Drittel u. s. w. fort, erweitert dagegen die oberen und unteren Theile der Streifen um so viel, dafs ihre Grenzen mit den Schnittlinien gerade Linien bilden. Dadurch werden die mittleren Parallelgrade ein wenig zu klein, die oberen und unteren ein wenig zu grofs, die beiden Parallelgrade aber, welche das mittlere Viertel bz. Drittel der Streifen begrenzen, behalten ihr richtiges Mafs, wie auf der Kugel. Diese vermit-

telnde Kegelprojection, bei welcher die Fehler geringer (bei geeigneter Wahl der Schnittlinie halb so grofs) werden, wie bei den beiden vorigen Projectionen, ist von Gerhard Mercator, dem Erfinder der bekannten Seekartenprojection, zuerst angewendet worden, und zwar bei der im Jahre 1554 von ihm veröffentlichten grofsen Karte von Europa, auf welcher die Parallelen von 40 Grad und 60 Grad Breite im richtigen Mafsstab, die dazwischen liegenden verkleinert, die aufserhalb liegenden vergröfsert worden sind. Zwei Jahrhunderte später hat de l'Isle auf der

Fig. 8.

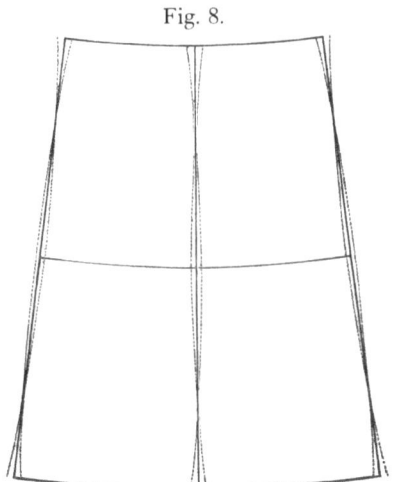

1745 veröffentlichten Karte von Rufsland, die sich vom 40. bis 70. Grade erstreckt, diese Projectionsart angewendet, die in Folge dessen zuweilen nach ihm benannt wird — s. Fig. 8.

Alle drei Arten der eben besprochenen Kegelprojectionen gewähren den nicht allen Kartenprojectionen eigenen Vortheil, dafs die dadurch erzeugten Gradtrapeze sämmtlich symmetrische Form haben, und dafs die zwischen gleichen Breitengraden liegenden Gradtrapeze einander gleich sind.

Die Kegelprojectionen werden jener Vortheile, sowie ihrer einfachen Darstellung halber sehr häufig, namentlich zu den Gradnetzen der europäischen Länder verwendet.

Wir wollen die Anfertigung eines solchen Gradnetzes an einem bestimmten Beispiel erläutern und verfahren dabei mit einiger Ausführlichkeit zu Gunsten derjenigen Leser, welche, ohne selbst Kartenzeichner zu sein, doch irgend einmal in die Lage kommen, zu einem bestimmten Zweck eine Uebersichtskarte zu entwerfen. Wir wählen als nächstliegendes das Gradnetz von Deutschland. Als äußerste Breitengrade kommen etwa die Parallelen von 47 Grad und 56 Grad in Betracht. Die Länge des von diesen beiden Parallelgraden begrenzten, neun Breitengrade umfassenden Meridianstückes beträgt 1001,20 km (wie aus den auf Grund der Bessel'schen Bestimmung des Erdsphäroids berechneten Tabellen zu ersehen ist,. welche, außer in verschiedenen geodätischen Werken, auch in dem Geograph. Jahrbuch, Bd. III, für 1870 abgedruckt sind).

Ein Meridianstück von 1 Grad Länge hat also in unserer Breitengegend durchschnittlich 1001,20 : 9, das sind 111,24 km. Genau genommen, kommen — wegen der durch die elliptische Gestalt der Erde hervorgerufenen Ungleichheit der Grade — auf das nördlichste Stück zwischen dem 56. und 55. Parallel 111,32 km, auf das südlichste zwischen dem 48. Grade und dem 47. Grade 111,17 km. Da die Abweichung dieser Maße von dem mittleren Durchschnitt aber nur 0,08 km, also bei einem Kartenmaßstabe von 1 : 500000 nur 0,16 mm beträgt, so kann dieselbe als verschwindend klein außer Betracht gelassen werden, und es können sämmtliche Meridianstücke zwischen den einzelnen Parallelgraden als einander gleich angesehen werden.

Die Parallelgrade haben nach den oben erwähnten Tabellen folgende Längen:

56. Grad . . . . . 62,38 km,
55. - . . . . . 63,99 -
54. - . . . . . 65,57 -
53. - . . . . . 67,13 -
52. - . . . . . 68,67 -
51. - . . . . . 70,19 -
50. - . . . . . 71,69 -
49. - . . . . . 73,16 -
48. - . . . . . 74,62 -
47. - . . . . . 76,05 - .

Ein Meridianstreifen, nach diesen Maßen construirt, würde in verkleinertem Abbilde etwa folgende Gestalt haben.

Fig. 9.

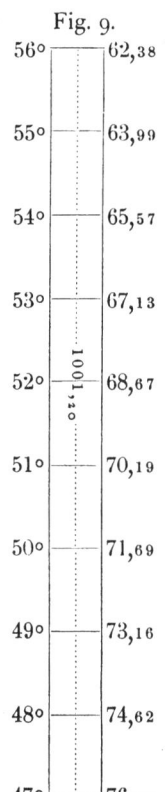

Die rechts stehenden Maßzahlen, welche die wirkliche Länge in Kilometern angeben, bedeuten für den Maßstab 1 : 100000 Centimeter, für den Maßstab 1 : 1000000 Millimeter. Hieraus lassen sich die auf einen beliebigen anderen Maßstab entfallenden Zahlen leicht berechnen.

Die Begrenzungslinien des Meridianstreifens sind in der Verkleinerung unserer Abbildung (1 : 10000000) von geraden Linien nicht zu unterscheiden; nach den angegebenen Maßzahlen sind es Curven. Man erhält aber statt derselben gerade Linien, wenn man mit den Maſszahlen eine geringe Veränderung vornimmt, dergestalt, daſs die Maſsunterschiede zwischen den auf einander folgenden Parallelgraden einander völlig gleich werden. Dies erreicht man, wenn man den Unterschied zwischen den beiden äuſsersten Parallelgraden (76,05 — 62,38) = 13,67 durch die Anzahl der Meridiangrade (9) dividirt. Das Ergebniſs 1,519 wird, um die gewünschte gleichmäſsige Stufenleiter herzustellen, fortlaufend addirt bz. subtrahirt, und zwar geht man hierbei entweder vom mittleren Parallel, etwa dem 51. Grade, oder von den äuſsersten Parallelen, oder von zwei Parallelgraden aus, welche zwischen der Mitte und den äuſsersten Parallelen liegen, etwa dem 49. und 54. Grade.

Man erhält im ersteren Falle die in der folgenden Tabelle unter I angegebenen Maſszahlen, der 51. Parallelgrad bekommt seine richtige Länge, die übrigen werden sämmtlich zu groſs,

die äuſsersten um 0,22 km, d. i. etwa $\frac{1}{270}$ bz. $\frac{1}{350}$ ihrer Länge (Kegelprojection mittels umschriebenen Kegels).

Im zweiten Falle (Tab. II) erhalten die beiden äuſsersten Parallelen ihre richtige Länge, die übrigen werden zu klein, der 51. um 0,22 km, d. i. etwa um $\frac{1}{320}$ seiner Länge (Kegelprojection mittels eingeschriebenen Kegels).

Im dritten Falle (Tab. III) erhalten der 49. und 54. Parallel ihre richtige Länge, die dazwischen liegenden werden zu klein, der mittelste um 0,07 km, d. i. etwa $\frac{1}{1000}$ seiner Länge. Um denselben Betrag werden die nach auſsen liegenden Parallelgrade zu groſs. (Für die beiden äuſsersten Parallelgrade, welche als auſserhalb der Grenzen Deutschlands liegend weniger in Betracht kommen, beträgt die Vergröſserung $\frac{1}{500}$.) Die aus dem Gradnetz entspringenden Fehler einer nach Tab. III construirten Karte von Deutschland erreichen also bei Messungen in westöstlicher Richtung höchstens $\frac{1}{1000}$, also auf je 1 000 km

Maſse des Gradnetzes von Deutschland.

Meridianlänge vom 56. bis 47. Grade: 1 001,20 km, also auf je 1 Grad durchschnittlich 111,24 km.

Parallelgrade.	Wirkliche Länge.	Längenbeträge bei Kegelprojection.						Anm.
		I	Abweichung gegen die wirkliche Länge.	II	Abweichung gegen die wirkliche Länge.	III	Abweichung gegen die wirkliche Länge.	
	km	km	km	km	km	km	km	
56°	62,38	62,60	+ 0,22	62,38	0	62,53	+ 0,15	Es ist leicht zu sehen, daſs aus Tab. I die Tab. II durch Erniedrigung sämmtlicher Zahlen um 0,22, die Tab. III durch Erniedrigung sämmtlicher Zahlen um 0,07 abgeleitet worden ist. Anders hätte sich die Tab. III gestaltet, wenn die Tab. I um 0,13 oder um 0,2 u. s. w. erniedrigt worden wäre. Es hätten dann der 55. und 48. Grad bz. der 52½. und 50. Grad die richtigen Maſse, und die Fehler in der Mitte wären gröſser bz. geringer geworden.
55	63,99	64,12	+ 0,13	63,90	— 0,09	64,05	+ 0,06	
54	65,57	65,64	+ 0,07	65,42	— 0,15	65,57	0	
53	67,13	67,16	+ 0,03	66,94	— 0,19	67,09	— 0,04	
52	68,67	68,68	+ 0,01	68,46	— 0,21	68,61	— 0,06	
51	70,19	70,19	+ 0	69,97	— 0,22	70,12	— 0,07	
50	71,69	71,71	+ 0,02	71,49	— 0,20	71,64	— 0,05	
49	73,16	73,23	+ 0,07	73,01	— 0,15	73,16	0	
48	74,62	74,75	+ 0,13	74,53	— 0,09	74,68	+ 0,06	
47	76,05	76,27	+ 0,22	76,05	0	76,20	+ 0,15	

etwa 1 km, um welchen Betrag das Ergebnifs bei Messungen in der Mitte der Karte zu niedrig, im äufsersten Norden und Süden zu hoch wird. In allen übrigen Richtungen sind die Fehler weit geringer; sie verschwinden ganz unter dem 49. und 54. Parallelgrade, sowie bei Messungen in der Richtung eines Meridians.

Bei der Geringfügigkeit der Abweichungen von den wirklichen Mafsen eignen sich namentlich die nach der Mafstabelle III construirten Meridianstreifen sehr gut dazu, die entsprechenden Trapeze der topographischen (Generalstabs-) Karte in sich aufzunehmen. Letztere werden ohne merklichen Fehler eingepafst werden können, sobald sie auf den Mafsstab des Gradnetzes verkleinert worden sind. Diese Verkleinerung ist leicht zu bewerkstelligen, entweder durch Photographie oder mit Hülfe des Pantographen (Storchschnabels) — einer mechanischen Vorrichtung, die aus mehreren zu Parallelogrammen vereinigten Linealen besteht.

Es erübrigt dann noch, die zur Karte erforderlichen Meridianstreifen zu einem Netze zu vereinigen. Da sämmtliche Streifen einander gleich sind, so genügt es, einen derselben im Mafsstab der Karte auf starkem, am besten durchscheinendem Papier in einem Ganzen oder mehreren Theilstücken zu entwerfen und die so gewonnene Schablone mit Sorgfalt und Genauigkeit, indem man die Hauptpunkte des Netzes durch Nadelstiche markirt, so oft neben einander aufzutragen, bis das Netz für die ganze Ausdehnung der Karte von Ost nach West ausreicht. Will man die Karte in so grofsem Mafsstabe herstellen, dafs mehrere Blätter dazu erforderlich sind, so empfiehlt es sich, das Gradnetz zunächst in verkleinertem Mafsstabe auf einem Blatt herzustellen, die Umrisse und Grenzen des Landes hineinzuzeichnen, auf ein zweites Blatt von durchsichtigem

Papier die Theilungslinien für die einzelnen Blätter der Karte in gleicher Verkleinerung anzugeben und darauf das zweite Blatt so über das erste zu legen, dafs das ganze darzustellende Gebiet in zweckmäfsiger Weise in die Sectionen der Karte eingepafst und dabei auch die auf Karten übliche Lage der Himmelsgegenden thunlichst beachtet wird.

Zuweilen läfst sich durch eine geringe Verschiebung oder Drehung des Theilungsblattes eine günstigere Anordnung erreichen, so dafs vielleicht irgend eine Provinz, die sonst zerschnitten worden wäre und auf verschiedenen Blättern ihren Platz gefunden hätte, auf ein Blatt zu stehen kommt. Handelt es sich z. B. um eine Karte von Deutschland in 20 Blättern, so würde, wenn man die jetzt übliche Lage der Himmelsgegenden ganz strenge innehielte und demgemäfs den 14. Längengrad von Greenwich senkrecht in die Mitte der Karte stellte, der nordöstlichste Theil von Deutschland, Memel, viel höher zu liegen kommen, als der nordwestlichste. In Folge dessen würden die nordwestlichen Sectionen der Karte fast nur Meer enthalten. Ferner würde Schleswig-Holstein der Länge nach zerlegt und verschiedenen Blättern zugetheilt, der südöstlichste Theil Schlesiens aber von dem Hauptblatte dieser Provinz abgeschnitten werden. Diese Unbequemlichkeiten lassen sich in glücklicher Weise vermeiden, wenn man das Gradnetz ein wenig dreht und so in das Sectionsnetz einfügt, dafs der östliche Theil Deutschlands gegen den westlichen ein wenig herabgedrückt wird, wodurch etwa der Meridian von Breslau senkrecht zu stehen kommt. —

Unsere bisherige Untersuchung hat ergeben, dafs die durch die Kegelprojection III bedingten Gradnetzfehler bei einer Karte von Deutschland im Wesentlichen nicht $1/1000$ übersteigen.

Auch für die übrigen Länder Europas, mit Ausnahme von Rußland und Schweden - Norwegen, treten, da ihre Breitenausdehnung diejenige Deutschlands nicht übersteigt, größere Gradnetzfehler nicht auf. Für Länder von geringerer Breitenausdehnung sind die Fehler, wenn das Gradnetz nach der angegebenen Methode construirt wird, natürlich noch weit geringer; bei der Schweiz betragen sie z. B. noch nicht $\frac{1}{4000}$.

Dagegen wachsen die Fehler mit jeder größeren Breitenausdehnung. Für eine Deutschland und Oesterreich umfassende Karte vom 42. bis 56. Breitengrade würden, wenn man den 53. und 46. Parallel unverändert läßt, sich die in der vorseitigen Zusammenstellung unter III. aufgeführten Maße ergeben.

Maße des Gradnetzes von Deutschland und Oesterreich.

Meridianlänge vom 56. bis 42. Grade: 1556,751 km, also auf je 1 Grad durchschnittlich 111,196 km.

Parallel-grade.	Wirk-liche Länge.	Längenbeträge bei der Kegelprojection			
		III.		IIIa.	
			Abweichung gegen die wirkliche Länge.		Abweichung gegen die wirkliche Länge.
	km	km	km	km	km
56°	62,38	62,71	$+ 0,33 = \frac{1}{190}$	62,73	$+ 0,35 = \frac{1}{180}$
55	63,99	64,18	$+ 0,19 = \frac{1}{340}$	64,20	$+ 0,21 = \frac{1}{350}$
54	65,57	65,66	$+ 0,09 = \frac{1}{720}$	65,68	$+ 0,11 = \frac{1}{600}$
53	67,13	67,13	0	67,15	$+ 0,02 = \frac{1}{3350}$
52	68,67	68,60	$- 0,07 = \frac{1}{980}$	68,62	$- 0,05 = \frac{1}{1370}$
51	70,19	70,08	$- 0,11 = \frac{1}{640}$	70,10	$- 0,09 = \frac{1}{780}$
50	71,69	71,55	$- 0,14 = \frac{1}{510}$	71,57	$- 0,12 = \frac{1}{600}$
49	73,16	73,03	$- 0,13 = \frac{1}{560}$	73,05	$- 0,11 = \frac{1}{660}$
48	74,62	74,50	$- 0,12 = \frac{1}{620}$	74,52	$- 0,10 = \frac{1}{745}$
47	76,05	75,97	$- 0,08 = \frac{1}{950}$	75,99	$- 0,06 = \frac{1}{1260}$
46	77,45	77,45	0	77,47	$+ 0,02 = \frac{1}{3870}$
45	78,84	78,92	$+ 0,08 = \frac{1}{660}$	78,94	$+ 0,10 = \frac{1}{790}$
44	80,20	80,40	$+ 0,20 = \frac{1}{400}$	80,42	$+ 0,22 = \frac{1}{370}$
43	81,53	81,87	$+ 0,34 = \frac{1}{240}$	81,89	$+ 0,36 = \frac{1}{230}$
42	82,84	83,35	$+ 0,49 = \frac{1}{170}$	83,37	$+ 0,53 = \frac{1}{160}$.

Sieht man von den beiden nördlichsten und den drei südlichsten Parallelen ab, welche, wie der Anblick der Karte ergiebt, nur ganz schmale Streifen von Deutschland bz. Oesterreich berühren, so fällt bei Tab. III die größte Abweichung (nämlich $\frac{1}{510}$) auf den 50. Parallel. Bei Tab. IIIa ist dieser Fehler durch gleichmäßige Vergrößerung sämmtlicher Parallelen um 0,02 km auf $\frac{1}{600}$ verringert, während die vorher etwas niedrigeren Fehler des 54. und 44½. Grades jetzt auf $\frac{1}{600}$ gewachsen sind. Die geringsten Fehler fallen zwischen den 53. und 52. Grad, sowie zwischen den 47. und 46. Grad. Die Maße von IIIa. möchten deßhalb für ein Deutschland und Oesterreich umfassendes Gradnetz wohl geeignet sein; der größte Fehler würde 1 km auf Entfernungen von 600 km betragen.

Wenden wir uns jetzt dem Gradnetz von Europa zu, so finden wir,

dafs hier nicht Alles so glimpflich ab-
läuft. Geben wir, wie Mercator bei
seiner Karte von Europa gethan, dem
60. und dem 40. Parallel die richtige
Länge und vertheilen die Mafsunter-
schiede beider gleichmäfsig zunächst
auf die zwischenliegenden, dann auf
die äufseren Parallelgrade, so fällt, wie
die Tabelle zeigt, auf den Mittel-
parallelgrad von Europa, den 50.,
ein Fehler von $1/64$, auf die äufsersten
Parallelgrade, den 70. und 34., aber
$1/15$ bz. $1/50$. Durch eine Vergröfserung sämmtlicher Parallelgrade lassen
sich die Fehler von der Mitte auf die
nördlichsten und südlichsten Parallelgrade abwälzen. Man erhält, wie III a.
zeigt, durch Vergröfserung um 0,60 km
für den Haupttheil Europas zwischen
dem 59. Grade (Stockholm) und dem
40. Grade (Madrid - Brindisi) keinen
gröfseren Fehler als $1/140$; für die beiden äufsersten, bei Entfernungsbestim-
mungen weniger in Betracht kommenden Grade dagegen $1/12$ und $1/39$.

Mafse des Gradnetzes von Europa.

Meridianlänge vom 70. bis 34. Grade: 4004,86 km, mithin auf je 2 Grad durchschnittlich 222,49 km (gegen die wirkliche Meridianlänge an der Nord- und Südgrenze des Netzes um $1/360$ zu klein bz. zu grofs).

Parallel-grade.	Wirk-liche Länge.	Längenbeträge bei der Kegelprojection			
		III.		III a.	
		km	Abweichung gegen die wirkliche Länge.	km	Abweichung gegen die wirkliche Länge.
	km	km		km	km
70°	38,18	41,00	$+ 2,82 = 1/15$	41,60	$+ 3,42 = 1/12$
68	41,82	43,96	$+ 2,14 = 1/23$	44,56	$+ 2,74 = 1/16$
66	45,40	46,92	$+ 1,52 = 1/31$	47,52	$+ 2,12 = 1/22$
64	48,93	49,88	$+ 0,95 = 1/52$	50,48	$+ 1,55 = 1/33$
62	52,39	52,83	$+ 0,44 = 1/120$	53,43	$+ 1,04 = 1/51$
60	55,79	55,79	0	56,39	$+ 0,60 = 1/93$
58	59,13	58,75	$- 0,38 = 1/157$	59,35	$+ 0,22 = 1/226$
56	62,38	61,71	$- 0,67 = 1/91$	62,31	$- 0,07 = 1/840$
54	65,57	64,67	$- 0,90 = 1/72$	65,27	$- 0,30 = 1/220$
52	68,67	67,63	$- 1,04 = 1/65$	68,23	$- 0,44 = 1/155$
50	71,69	70,59	$- 1,10 = 1/64$	71,19	$- 0,50 = 1/142$
48	74,62	73,55	$- 1,07 = 1/68$	74,15	$- 0,47 = 1/157$
46	77,45	76,51	$- 0,94 = 1/81$	77,11	$- 0,34 = 1/220$
44	80,20	79,46	$- 0,74 = 1/108$	80,06	$- 0,14 = 1/610$
42	82,84	82,42	$- 0,42 = 1/197$	83,02	$+ 0,18 = 1/413$
40	85,38	85,38	0	85,98	$+ 0,60 = 1/143$
38	87,82	88,34	$+ 0,52 = 1/170$	88,94	$+ 1,12 = 1/80$
36	90,15	91,30	$+ 1,15 = 1/80$	91,90	$+ 1,75 = 1/52$
34	92,37	94,26	$+ 1,89 = 1/50$	94,86	$+ 2,49 = 1/39$.

Den Fehlern des Gradnetzes würde
bei Messungen einigermafsen Rechnung getragen werden können, wenn
auf den Karten angegeben wäre, welche
Parallele die richtigen Mafse haben,
oder wenn sämmtliche Gradnetzlinien
auf je 10 oder 20 oder 100 km
mit feinen Theilungsstrichen versehen

würden, welche die Mafseinheit für den betreffenden Theil der Karte angeben. Man hätte dann allerdings in der Richtung der Meridiane eine andere Mafseinheit als in der Richtung der Parallelgrade und müfste bei Messungen in schräger Richtung ein mittleres Mafs ziemlich willkürlich annehmen.

Wie man, namentlich für gröfsere Entfernungen, durch Rechnung zu einem weit genaueren Messungsergebnifs gelangt, werden wir später sehen. — Die bis jetzt besprochenen Gradnetze bezogen sich auf Länder nördlich vom Aequator. Bei Gegenden, deren Mittelparallel der Aequator bildet,

ist diese Projection sehr brauchbar, ja die annähernd richtigste. Wenn man aus der Mitte einer Apfelsinenschale eine schmale Scheibe herausschneidet, so bildet die Schale dieser Scheibe in der That einen Ring, der einem Cylinder um so ähnlicher ist, je schmäler man ihn macht. Zerschnitten und platt gedrückt erhält er, ohne dafs man ihm grofse Gewalt anthut, die Form eines Rechtecks. (S. Fig. 11.)

Aus der Apfelsinenschale, wie aus dem Globus, läfst sich aber nicht blos wagrecht, in der Richtung des Aequators, sondern ebenso gut senkrecht, in der Richtung des Meridians, ein Streifen herausschneiden und zum

Fig. 10.

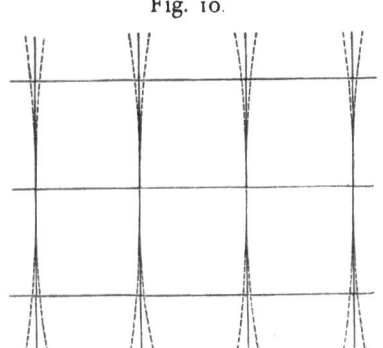

Fig. 11.

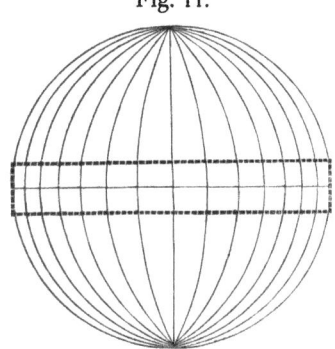

verwandeln sich die Gradtrapeze, wie Fig. 10 ergiebt, in Rechtecke, ja bei der Methode I, für welche der mittlere Breitengrad, hier also der Aequator, mafsgebend ist, in Quadrate. Durch Vereinigung der Rechtecke erhält man deshalb nicht mehr den spitz zulaufenden Mantel eines Kegels, sondern den oben und unten gleichmäfsig breiten, an den Polen offenen Mantel eines Cylinders. Die Abbildung der Erde wird auf einem die Erde längs des Aequators berührenden Cylinder »projicirt«, den man auf einer Seite aufschneidet und zur ebenen Fläche glättet. Deshalb der Name Cylinderprojection.

Für Gegenden, deren Grenzen nicht zu weit vom Aequator sich entfernen,

ebenen Rechteck glätten; es ist deshalb auch eine Projection denkbar auf einem Cylinder, der im Meridian die Erde berührt. (S. Fig. 12.) Nur ist die Berechnung des Gradnetzes nicht ganz so einfach wie die Projection des Aequatorcylinders, weil alle Breiten- wie Längengrade etwas aus ihrer Lage gerückt werden. Für Länder, deren Hauptmasse sich längs eines Meridians erstreckt, ist diese Projection zweckmäfsig — sie ist von Cassini bei der grofsen topographischen Karte von Frankreich, später von Soldner für den grofsen topographischen Atlas von Bayern angewendet und liegt auch den Generalstabskarten von Württemberg und Baden zu Grunde —, Karten, deren einzelne Sectionen nicht, wie die preußsische Generalstabskarte, als Theile einer gewölbten Globuskarte, sondern als Theile einer großsen Plattkarte zu betrachten sind, also, auf eine ebene Fläche gelegt, ein zusammenhängendes Ganzes bilden (Cassini-Soldner'sche Projection). Alle solche Karten sind, streng genommen, nur längs des den Cylinder berührenden Mittelmeridians richtig; die östlich und westlich davon liegenden Theile sind zu großs, und das um so mehr, je weiter sie vom Mittelmeridian sich entfernen. Die Vergrößserung ist aber, da mit Ausnahme von Frankreich jene Länder von Ost nach West verhältnißs-

Fig. 12.

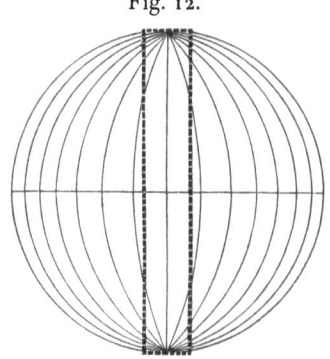

mäßsig geringe Ausdehnung haben, noch geringfügiger, als die oben für die Karte von Deutschland in Kegelprojection nachgewiesene. —

Da aus der Apfelsinenschale, wie aus dem Globus, mit Leichtigkeit auch in schräger Richtung (Nordwest-Südost u. s. w.) ein Ring ausgeschnitten und geglättet werden kann (s. Fig. 13), so läßst sich auch leicht die Vorstellung eines Cylinders gewinnen, der in irgend einer beliebigen schrägen Richtung den Globus berührt. Eine Kartenprojection auf solchem Cylinder würde für die schräg gestreckte Lage von Italien, Schweden-Norwegen, Neu-Guinea, Neu-Seeland, ja selbst von Amerika u. s. w. vielleicht die richtigsten Karten

liefern; die hierdurch zu erreichenden Vortheile scheinen aber gegenüber den Schwierigkeiten der Gradnetzberechnung nicht großs genug zu sein, um zur Herstellung solcher Karten anzuspornen.

In ähnlicher Weise, wie bei der Cylinderprojection statt des senkrechten Cylinders unter Umständen auch ein wagrecht oder schräg um den Erdball gelegter Cylinder zur Herstellung des Gradnetzes zweckmäßsig zu verwenden ist, kann auch bei der Kegelprojection statt des senkrechten Kegels, dessen Achse in die Erdpolachse, dessen Erdberührungslinie in einen Parallelgradkreis fällt, ein Kegel in beliebiger an-

Fig. 13.

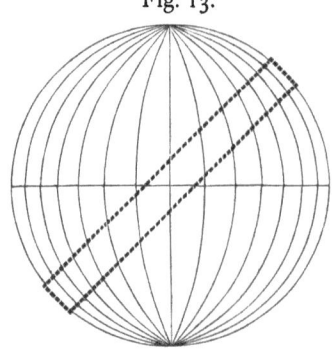

derer Richtung an den Erdball gelegt werden, um Länder, deren Hauptmasse im Viertel- oder Halbkreise u. s. w. gekrümmt ist, mit möglichst geringen Fehlern darzustellen. Es läuft dies, auf unsere Apfelsinenschale angewendet, darauf hinaus, die Verwandlung derselben in eine Seerose nicht, wie oben, durch Zertheilung von einem der beiden Pole, sondern von einem beliebigen seitlichen Punkte zu bewirken. Professor Zöppritz hat (in der Zeitschrift der Gesellschaft für Erdkunde, XIX, 1) die Zeichnung eines Gradnetzes mit den Umrissen von Afrika veröffentlicht, bei welcher er von der Vorstellung eines stumpfen Kegels ausgegangen ist, dessen Achse nicht durch den Nordpol, sondern durch einen Punkt an der Westküste Afrikas dem Erdmittelpunkte zustrebt.

von der Kegelspitze ausgehenden keilförmigen Ausschnitt hat. Diesem Ausschnitt ist es zuzuschreiben, daſs die

Fig. 14.

Die nach seinem Gradnetz hier weiter ausgeführte Skizze (s. Fig. 14) läſst den abgewickelten Kegelmantel erkennen, der, auf ebener Fläche ausgebreitet, natürlich keine geschlossene Kreisfläche bilden kann, sondern einen

Form des Meerbusens von Guinea zu flach gekrümmt erscheint, und daſs Messungen über denselben hinweg, z. B. von Cap Palmas nach Mossamedes, zu groſs ausfallen. Will man diesen Uebelstand vermeiden, so muſs man die Karte, unter Aufhebung der ebenen Fläche, über den Ausschnitt hinweg zum Kegel zusammenbiegen. Es leuchtet ein, daſs auch diese Karte ihrem Herstellungsprincip nach nur an denjenigen Stellen richtig sein kann, an welchen der Kegelmantel den Erdball berührt. Da aber die Berührungslinie so gewählt worden ist, daſs sie bei der gekrümmten Form Afrikas ungefähr die mittlere Durchschnittslinie dieses Erdtheils darstellt, so fällt von den mit jeder ebenen Kartendarstellung verbundenen Verzerrungen u. s. w. auf das Festland von Afrika allerdings nur der geringere Theil, der Hauptnachtheil der Darstellungsweise fällt, wie oben gezeigt, in den Meerbusen von Guinea. —

Wir kehren zurück zu unseren Cylinderprojectionen, und zwar zu dem um den Aequator gelegten Cylinder, dem aus der Mitte der Apfelsinenschale geschnittenen Ringstreifen. Hier ist augenfällig, daſs der Streifen gegen die Glättung zur Ebene sich um so mehr sträuben wird, je breiter man ihn ausschneidet. Die Cylinderprojection des Aequators wird also um so fehlerhafter werden, je weiter die darzustellenden Theile sich vom Aequator entfernen. Wenn der Aequator das richtige Maſs erhält, werden die nördlichen und südlichen Parallele zu groſs. Während der 3. Parallel vom Aequator nur um $\frac{1}{750}$, der 5. um $\frac{1}{250}$ abweicht, beträgt der Vergröſserungsfehler der Abbildung bei dem 10. Parallel $\frac{1}{66}$, bei dem 15. Parallel $\frac{1}{30}$, bei dem 20. $\frac{1}{17}$, bei dem 25. $\frac{1}{11}$, bei dem 40. $\frac{1}{3}$. Der 60. Parallel würde doppelt so groſs werden, als er in Wirklichkeit ist, und die in ein solches Netz gezeichneten Länderumrisse in den höheren Breiten würden nicht allein gegen die der niederen Breiten unverhältnißmäſsig vergröſsert, sondern auch sehr in die Breite ver-

zerrt werden. Jedem einzelnen dieser beiden Uebelstände läſst sich abhelfen — aber nicht beiden gleichzeitig, sondern nur dem einen auf Kosten des anderen.

Man kann den Flächeninhalt der durch die Cylinderprojection gebildeten Rechtecke mit dem Flächeninhalt der entsprechenden Kugeltrapeze dadurch in Uebereinstimmung bringen, daſs man jedem Rechteck von der Höhe abbricht, was es an Breite zu viel hat. Die Rechtecke, am Aequator nahezu quadratförmig, erhalten dadurch nach den Polen zu ein der natürlichen Form gerade entgegengesetztes Ausdehnungsverhältniſs; sie werden sehr breit in wagrechter Richtung, sehr schmal in senkrechter Richtung. Die Projection wirkt wie die bekannten Spiegel, in welchen das Gesicht von oben nach unten zusammengequetscht in unmäſsiger Breite erscheint.

Diese Darstellungsart — Lambert's normale, flächentreue, isocylindrische Projection — wird deshalb seltener angewendet. Man findet dieselbe in Gretschel's Lehrbuch der Kartenprojection, S. 113, näher ausgeführt. Wie flächentreue Abbildungen sich auf andere, weniger verzerrende Weise erreichen lassen, werden wir später sehen.

Wenn statt des Flächeninhalts die Form jedes Kugeltrapezes und der darin verzeichneten Länderumrisse, das durchschnittliche Verhältniſs zwischen Länge und Breite in dem entsprechenden Rechteck der Cylinderprojection wiedergegeben werden soll, so wird dies am besten durch die bekannte, bei Weltkarten fast allgemein zur Anwendung kommende Cylinderprojection von Mercator erreicht.

Man läſst die Höhen der Rechtecke in demselben Verhältniſs wachsen, in welchem die Grundlinien gegen die der Kugeltrapeze zu groſs sind. Welche Maſse man dem Gradnetz zu geben hat, zeigt folgende Tabelle, in welcher die elliptische Gestalt der Erde berücksichtigt ist.

Die Länge eines Meridians, vom Aequator ab gerechnet, beträgt nach Aequatorgraden vom Aequator bis zum:

5. Breitengrad	. . . . . .	4,97°
10.	-	9,98°
15.	-	15,07°
20.	-	20,29°
25.	-	25,67°
30.	-	31,28°
35.	-	37,19°
40.	-	43,47°
45.	-	50,19°
50.	-	57,61°
55.	-	65,82°
60.	-	75,12°
65.	-	85,97°
70.	-	99,07°
75.	-	115,80°
80.	-	139,20°
85.	-	179,03°
90.	-	unendlich.

Die an die Pole anstofsenden Rechtecke würden bei diesem Verfahren unendlich grofs werden, aber die Karte bedarf der Fortführung bis zu den Polen nicht.

Für den Seemann hat diese Projection den besonderen Vortheil, dafs in der Karte nicht blofs die Nord-Süd-Richtung, sondern sämmtliche Himmelsrichtungen genau und bequem zu verfolgen sind. Wenn die senkrechte Linie die Richtung nach Norden bz. Süden, die wagrechte Linie die Richtung nach Osten bz. Westen darstellt, so entspricht, weil jedes Gradtrapez das richtige Verhältnifs der Länge zur Breite erhalten hat, ein Abweichungswinkel von 45° bz. 22 1/2° vom Meridian nach rechts oben der Richtung nach Nordost bz. Nordnordost, nach rechts unten der Richtung nach Südost bz. Südsüdost u. s. w. Die Karte ist winkeltreu (conform). Das Gradnetz bequemt sich deshalb dem Compafs an wie kein anderes. Der Lauf eines

Schiffes stellt sich, so lange es dieselbe Himmelsrichtung inne hält, auf der Karte als eine gerade Linie dar (loxodromische Linie). Dieser ihrer Haupteigenschaft wegen läfst sich die Projection auch als loxodromische Projection bezeichnen.

Dafs eine Linie, welche derselben Himmelsrichtung folgt, durchaus nicht die kürzeste Verbindungslinie zwischen zwei von derselben berührten Orten zu sein braucht, zeigt ein Blick auf die Karte von Europa, auf welcher die die Richtung von Osten nach Westen darstellenden Breitengradlinien ganz bedeutende Krümmungen haben. Auf der Erdkugel ist defshalb eine jeden Meridian unter demselben Winkel schneidende Linie meistens eine dem Pol zustrebende Spirale und stellt somit in der Regel nicht den kürzesten Weg zwischen zwei Orten dar.

Ausnahmen hiervon treten ein, wenn die Linie, genau nach Nord oder Süd gerichtet, zum Meridian wird, oder wenn sie bei ostwestlicher Richtung gerade in den Aequator fällt.

Nördlich oder südlich vom Aequator wird bei genau ostwestlicher Richtung ebenfalls keine Spirale erzeugt, die Richtungslinie fällt vielmehr mit dem betreffenden Parallelkreise zusammen und weicht, je weiter vom Aequator liegend, um so mehr von der geraden Richtung, d. i. der kürzesten Linie, ab.

Die linearen Vergröfserungen der loxodromischen Mercator - Projection sind in niedrigen Breiten (vom Aequator bis zum 30. Parallel) mäfsig, unter dem 50. Breitengrad aber schon 1 1/2 fach, unter dem 60. 2 fach, unter dem 80. beinahe 6 fach, dem 85. 11 fach.

Da diese Vergröfserungen, wenn es sich um den Flächeninhalt handelt, im quadratischen Verhältnifs steigen, und ein Land, dessen Mittelparallel der 50. Grad ist, wie Deutschland, etwa 2 1/4 mal so grofs erscheint als eines von gleicher Größe unter dem Aequator, so veranlaßt die Mercatorkarte leicht Irrthümer bei vergleichender Abschätzung der Größe von Ländern und Welttheilen. Man legt zu diesem Zwecke besser andere Projectionen, etwa die von Mollweide, zu Grunde, deren wir später gedenken werden.

Dagegen läßt sich trotz der ungleichmäßigen Vergrößerungen die richtige Länge der loxodromischen Linie zwischen zwei Punkten verschiedener Breitengrade aus der Karte auf einfache Weise entnehmen, wie folgendes Beispiel zeigt.

Gesetzt, es handle sich um die loxodromische Linie zwischen Greenwich

17,9 : 12,6. Dies Verhältniß, auf die loxodromische Linie $W\,G$ angewendet, welche mit dem Längen- und dem Breitengrade ein rechtwinkliges Dreieck bildet, führt zur Gleichung:

$$A\,W : A_1\,W = G\,W : G_1\,W,$$

oder:

$$17,9 : 12,6 = 79,5 : G_1\,W,$$

also:

$$G_1\,W = 56,1°.$$

Die Länge der loxodromischen Linie beträgt 56,1 Aequatorgrade, das sind, den Aequatorgrad zu 113,3 km gerechnet, 6 243,9 km.

Die kürzeste Verbindungslinie (Luftlinie) zwischen beiden Orten mißt, wie wir später sehen werden, nur

Fig. 15.

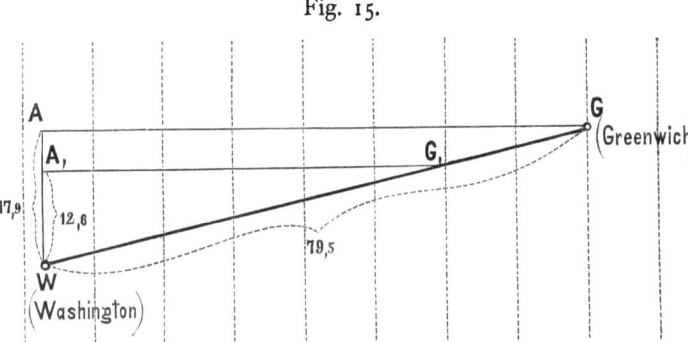

und Washington ($W\,G$ der Fig. 15). Auf der Karte, nach Aequatorgraden gemessen, ergiebt sich eine Länge von etwa 79,5°. Um diese Länge auf das wirkliche Maß zurückzuführen, mißt man das mit demselben Vergrößerungsverhältniß behaftete Meridianstück $(A\,W)$, welches zwischen dem Greenwicher und dem Washingtoner Breitengrade liegt; es hat auf der Karte die Länge von 17,9 Aequatorgraden. Nach der Rechnung aber kann dieses Stück, da Greenwich unter dem 51,5°, Washington unter dem 38,9° liegt, in Wirklichkeit nur 51,5 — 38,9 = 12,6° Länge haben. Es verhält sich also die auf der Karte gemessene Länge $(A\,W)$ zu der wirklichen Länge $(A_1\,W)$, wie

53,14 Grade, das sind 5 914,9 km. Die loxodromische Linie ist also in dem vorliegenden Falle um $^1/_{19}$ größer als die Luftlinie. Dieser bedeutende Unterschied beruht darauf, daß die loxodromische Linie Washington — Greenwich überwiegend von Westen nach Osten, also in der Richtung des Parallelgrades, läuft, dieser aber gegen die kürzeste Verbindungslinie auf der Kugel in der hohen Breite von 51° mit einer nicht unerheblichen Krümmung behaftet ist. —

Um die durch seerosenartige Zertheilung der Erdkugeloberfläche erhaltenen Meridianstreifen in der Ebene eng an einander zu zwingen, giebt es noch ein Auskunftsmittel, welches man bei Karten von größerer Breitenausdehnung, z. B. Rußland und Europa, anzuwenden pflegt. Man legt die Meridianstreifen so an einander, daß sie sich im mittelsten Parallel der Karte — der seine richtige Lage wie bei der Kegelprojection behält und auf der ebenen Fläche als Kreisbogen erscheint — sämmtlich berühren. Während man nun dem mittelsten Meridianstreifen seine Größe und Form unverändert beläßt, biegt man die rechts und links angrenzenden Meridian-

auch in neuester Zeit ihre theoretischen Schwächen von verschiedenen Seiten scharf angegriffen worden sind.

Bei der Bonne'schen Projection sind Lage und Gradtheilung des mittelsten Meridians, sowie Lage und Krümmungsverhältnisse der Parallelkreise dieselben, wie bei der beschriebenen Kegelprojection I. In der Art und Weise aber, wie auf den Parallelkreisen die Längengrade abgetheilt werden, weichen beide Projectionen von einander ab. Bei der Bonne'schen Projection

Fig. 16.

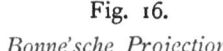

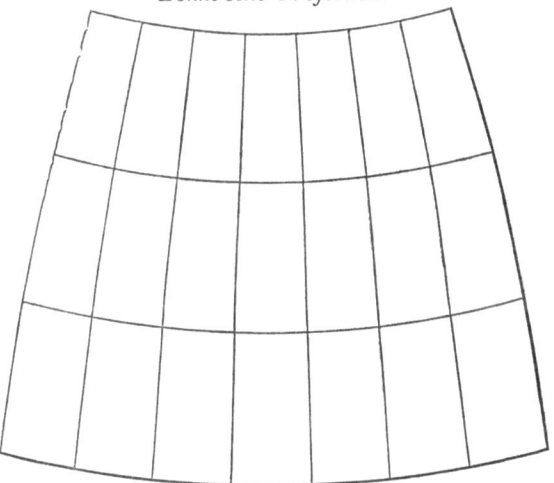

streifen und schließlich auch die äußersten Meridianstreifen an ihren oberen und unteren Theilen gewaltsam nach der Mitte zusammen (Fig. 16).

Wie bei diesem in bildlicher Weise geschilderten Verfahren die Zeichnung des Gradnetzes auszuführen ist, glauben wir näher angeben zu müssen, weil die B o n n e'sche P r o j e c t i o n — diesen Namen führt sie nach dem französischen Geographen Bonne (der in den Jahren 1727 bis 1795 lebte) — fast in sämmtlichen Atlanten vertreten ist und es (nach der Meinung von H. Wagner) auch bleiben wird, wenn

wird j e d e r Parallelkreis mit der nach den Maaßen der Erdkugel ihm zukommenden r i c h t i g e n Gradtheilung vom mittelsten Meridian ab versehen, während bei der Kegelprojection I, wie wir gesehen haben, nur der mittelste, bei anderen Arten der Kegelprojection zwei andere Parallelkreise die richtigen Maaße erhalten. Die durch lineare Verbindung der Gradtheilungspunkte hergestellten Bonne'schen Meridiane erscheinen deshalb nicht wie bei der Kegelprojection in geraden Linien, sondern bilden Curven, welche um so größere Krümmungen haben, je

3*

weiter sie vom Mittelpunkt entfernt liegen.

Die so entstehenden Gradtrapeze haben indefs genau denselben Flächeninhalt wie die entsprechenden Kugeltrapeze, weil Höhe und Grundlinie bei beiden übereinstimmen.

Um die Parallelkreise für das Bonne'sche Gradnetz zu erhalten, würde man bei der Uebereinstimmung derselben mit denen der Kegelprojection auf letztere zurückgehen können. Diese wurden mit Hülfe eines als Schablone construirten Meridianstreifens dargestellt, den wir nach rechts und links wiederholt neben einander abbildeten, wodurch wir gleich sämmtliche Gradnetzpunkte erhielten. Gewöhnlich wählt man eine andere Darstellungsweise, durch welche zunächst nur die Parallelkreise construirt werden. Letztere lassen sich leicht darstellen als Kreise, die denselben Mittelpunkt haben, sobald man nur die Länge ihrer Halbmesser kennt.

Der mittelste Parallelkreis ist nun, wie bei der Kegelprojection I, als die Berührungslinie, sein Halbmesser als die Seite des abgewickelten Erdberührungskegels anzusehen. Bildet die Berührungslinie den 45. Breitengrad, so ist die Seite des Berührungskegels gleich dem Erdhalbmesser. Bei höheren Breitengraden ist sie kleiner, bei niedrigeren gröfser, und zwar in dem durch die Cotangente des Breitenwinkels zum Ausdruck gelangenden Verhältnifs. $r = \rho \cot \varphi$, d. h. der Radius (r) des mittelsten Parallelkreises ist gleich dem Erdradius (ρ), multiplicirt mit der Cotangente des betreffenden Breitenwinkels (φ), welche — für Winkel über 45 Grad kleiner als 1, für Winkel über 45 Grad gröfser als 1 — aus trigonometrischen Tabellen zu entnehmen ist.

Aus dem Halbmesser des mittelsten Parallelkreises lassen sich — indem man denselben um die Länge eines,

zweier, dreier u. s. w. Meridiangrade verkleinert bz. vergröfsert — die Halbmesser der höheren bz. niedrigeren Parallelkreise leicht berechnen.

Zur gröfseren Bequemlichkeit dessen, der ein Gradnetz in Bonne'scher Projection anfertigen will, geben wir hier für die am meisten in Betracht kommenden Breitengrade die nach obiger Formel unter Berücksichtigung der Abplattung der Erde berechneten Halbmesser, sowie die Meridiangrade und Parallelgrade in Metern nach dem Maafsstab 1 : 1 Million an.

Maafse des Bonne'schen Gradnetzes im Maafsstabe 1 : 1 000 000 unter Berücksichtigung der Abplattung der Erde.

Mittelster Parallelkreis der Karte.	Halbmesser m	Länge je eines	
		Parallelkreisgrades m	Meridiangrades m
80°	1,12817	0,01939	0,11165
75°	1,71022	0,02890	0,11160
70°	2,33805	0,03818	0,11155
65°	2,98201	0,04717	0,11148
60°	3,69124	0,05579	0,11140
55°	4,47554	0,06399	0,11131
54°	4,64363	0,06557	0,11129
53°	4,81597	0,06713	0,11127
52°	4,99292	0,06867	0,11125
51°	5,17475	0,07019	0,11124
50°	5,36178	0,07169	0,11122
49°	5,55436	0,07316	0,11120
48°	5,75285	0,07462	0,11118
47°	5,95766	0,07605	0,11116
46°	6,16924	0,07745	0,11114
45°	6,38806	0,07884	0,11112
44°	6,61465	0,08020	0,11110
43°	6,84956	0,08153	0,11108
42°	7,09342	0,08284	0,11106
41°	7,34692	0,08413	0,11104
40°	7,61079	0,08538	0,11102
35°	9,11787	0,09128	0,11093
30°	11,05520	0,09647	0,11084
25°	13,68454	0,10094	0,11076
20°	17,52861	0,10463	0,11069
15°	23,80611	0,10754	0,11063
10°	36,17166	0,10963	0,11060
5°	72,89583	0,11089	0,11057.

Die Angaben sind in abgekürzter Form der in Gretschel's Lehrbuch der Kartenprojection, S. 194, befindlichen

Tabelle entnommen, finden sich aber noch ausführlicher mit beigesetzten Logarithmen im III. Bande des geographischen Jahrbuchs (1870). Sie lassen sich auch bei Construction der Kegelgradnetze benutzen und sind durch die angegebenen Decimaltheile

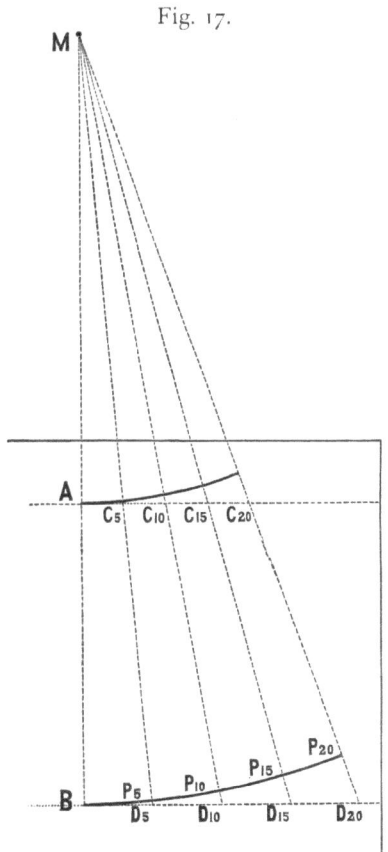

Fig. 17.

genau genug bestimmt, um zur Umrechnung in beliebige Maaßstäbe verwendet zu werden.

Etwas unbequem wird die Construction der Parallelkreise, wenn der Halbmesser die Größe von mehreren Metern erreicht, wie es schon bei einem Maaßstab von 1 : 1 Million der Fall ist. Statt des Zirkels kann man sich dann allenfalls eines entsprechend langen

Stabes oder Pappstreifens bedienen, der von einem entfernt stehenden Tische bis auf das Zeichenbrett reicht. Auf zuverlässigere Weise aber erhält man die Parallelkreise durch trigonometrische Berechnung, von welcher wir hier die Formeln nebst einem Zahlenbeispiel für das Gradnetz von Europa vom 65. bis 35. Breitengrade, also für den 50. Breitengrad als Mittelparallel, geben.

In Fig. 17 sei M der außerhalb der Karte belegene Mittelpunkt sämmtlicher Parallelkreise, MA der Halbmesser des obersten und MB der Halbmesser des untersten Parallelkreises.

Für das Gradnetz von Europa ist der Halbmesser des Mittelparallels (50°) nach obiger Tabelle $= 5{,}36178$ m, der Halbmesser MA des obersten 65. Parallels um 15 Meridiangrade kürzer, also $= 5{,}36178 - (15 \times 0{,}11135) = 3{,}69148$ m, der Halbmesser MB des untersten 35. Parallels aber um 15 Meridiangrade länger, also $= 5{,}36178 + (15 \times 0{,}11107) = 7{,}02785$ m. MA und MB sind mithin bekannte Größen.

Denken wir uns nun die Hülfslinien MD_5, MD_{10}, MD_{15} ... so gezogen, daß sie in Winkelabständen von je 5 Grad in M mit dem Halbmesser MB zusammenstoßen und auf den lothrecht zu MB gezogenen Linien AC und BD die Theilstücke AC_5, AC_{10}, AC_{15} ... bz. BD_5, BD_{10}, BD_{15} ... abschneiden, so haben letztere nach trigonometrischen Gesetzen folgende Längen:

$AC_5 = MA \cdot \text{tg } 5° = 3{,}69148 \times 0{,}0875$ m,
$AC_{10} = MA \cdot \text{tg } 10° = 3{,}69148 \times 0{,}1763$ -
$AC_{15} = MA \cdot \text{tg } 15° = 3{,}69148 \times 0{,}2679$ -
$BD_5 = MB \cdot \text{tg } 5° = 7{,}02785 \times 0{,}0875$ -
$BD_{10} = MB \cdot \text{tg } 10° = 7{,}02785 \times 0{,}1763$ -
$BD_{15} = MB \cdot \text{tg } 15° = 7{,}02785 \times 0{,}2679$ -

Die Ausrechnung, welche am bequemsten logarithmisch bewirkt wird, ergiebt:

$AC_5 = 0{,}3229$ m $BD_5 = 0{,}6148$ m,
$AC_{10} = 0{,}6509$ - $BD_{10} = 1{,}2391$ -
$AC_{15} = 0{,}9891$ - $BD_{15} = 1{,}8831$ -

In ähnlicher Weise berechnet man, von 5 zu 5° fortschreitend,

$AC_{20} = 1{,}3436$ m $\qquad BD_{20} = 2{,}5580$ m,
$AC_{25} = 1{,}7214$ - $\qquad BD_{25} = 3{,}2771$ -
$AC_{30} = 2{,}1313$ - $\qquad BD_{30} = 4{,}0575$ -
$AC_{35} = 2{,}5851$ - $\qquad BD_{35} = 4{,}9215$ - .

Durch Absteckung dieser Mafse — die bei einem Mafsstabe von 1 : 10 Millionen, d. i. bei einer Theilung durch 10 handlicher werden, als in dem hier gewählten grofsen Mafsstabe — sind die Punkte C_5, C_{10}, C_{15} ... und D_5, D_{10}, D_{15} ... auf der Karte bestimmt; man verbindet dieselben durch die geraden Linien $C_5 D_5$ ... u. s. w. (die sich natürlich, der Voraussetzung entsprechend, in dem aufserhalb der Karte zu denkenden Punkte M schneiden).

Die Längen dieser Linien von M ab sind folgende:

$$MD_5 = MB \cdot \frac{1}{\cos 5°} = \frac{7{,}02785}{0{,}99619},$$

$$MD_{10} = MB \cdot \frac{1}{\cos 10°} = \frac{7{,}02785}{0{,}98481},$$

$$MD_{15} = MB \cdot \frac{1}{\cos 15°} = \frac{7{,}02785}{0{,}96593}.$$

u. s. f.

Die Ausrechnung ergiebt:

$MD_5 = 7{,}0548$ m (bz. Zehntelmeter),
$MD_{10} = 7{,}1363$ -   -
$MD_{15} = 7{,}2758$ -   -
$MD_{20} = 7{,}4788$ -   -
$MD_{25} = 7{,}7543$ -   -
$MD_{30} = 8{,}1150$ -   -
$MD_{35} = 8{,}5793$ -   -

Zur Feststellung der eigentlichen Bahn des äufsersten, durch B gehenden Parallelkreises dienen nun die Punkte P_5, P_{10}, P_{15} u. s. w., welche bestimmt werden durch die Linien:

cm (bz. mm)
$P_5 D_5 = MD_5 - MB = \quad 2{,}7$
$P_{10} D_{10} = MD_{10} - MB = \quad 10{,}85$
$P_{15} D_{15} = MD_{15} - MB = \quad 24{,}80$
$P_{20} D_{20} = MD_{20} - MB = \quad 45{,}10$
$P_{25} D_{25} = MD_{25} - MB = \quad 72{,}65$
$P_{30} D_{30} = MD_{30} - MB = 108{,}72$

Von den Punkten P_5, P_{10} ... aus lassen sich leicht auch die Schneidepunkte der dazwischen liegenden Parallelkreise auf den Hülfslinien MD_5 ... (nach den in der letzten Spalte der Tabelle Seite 36 angegebenen Mafsen) von Grad zu Grad abgreifen.

Zum Ausziehen der Curven durch diese Schneidepunkte bedient man sich des Curvenlineals. Bei gröfserem Mafsstabe wird man, um die Genauigkeit der Zeichnung zu erhöhen, die Punkte C_5 C_{10} u. s. w. nicht wie oben von 5 zu 5 Grad, sondern von 2 zu 2 oder von 1 zu 1 Grad oder in noch geringeren Zwischenräumen fortschreitend bestimmen. Bei Karten in kleinem Mafsstabe genügen unter Umständen auch Zwischenräume von 10 Graden.

Um Mifsverständnissen vorzubeugen, wollen wir noch bemerken, dafs die Hülfslinien MD_5 u. s. f., welche behufs Construction der Parallelstriche gezogen wurden, nicht etwa die von 5 zu 5 Grad u. s. w. fortschreitenden Meridiane der Kegelprojection vorstellen. Um diese zu erhalten, müssen die Winkel am Punkte M im Sinusverhältnisse des Mittelparallels — in unserem Falle (sin 50°) durch Multiplication mit 0,766 — verkleinert werden, so dafs die Abstände je 3,83 Grad statt je 5 Grad betragen.

Wie schon oben bemerkt, sind sämmtliche Trapeze des Bonne'schen Gradnetzes in Bezug auf den Flächeninhalt richtig, die darin ausgeführten Länderabbildungen u. s. w. also flächentreu (äquivalent). Wegen dieser Eigenschaft, sowie wegen der im Vergleich zu anderen nicht sehr schwierigen Construction wird die Bonne'sche Projection von den Kartographen sehr gern angewendet, namentlich bei Abbildungen, die sich über eine gröfsere Anzahl von Breitengraden ausdehnen. In den meisten Atlanten findet man die Karten von Rufsland, von Europa, von Asien, von Nord- und Südamerika in dieser Projection gezeichnet. Es sind indefs mit dieser Darstellungsweise auch Nachtheile verbunden. Dieselben bestehen darin, dafs die Meridiane, je weiter sie von der Mitte der Karte entfernt liegen, gekrümmt und verlängert, die äufseren Gradtrapeze aber trotz ihres richtigen Flächeninhalts so verschoben und verzerrt werden, dafs ihre beiden Diagonalen nicht mehr gleiche Länge behalten, sondern auffallend von einander abweichen. Entfernungsmessungen in solchen verschobenen Trapezen können defshalb nur in der Richtung der

— den 45. Breitengrad als mittelsten Parallel angenommen — entworfen ist, beträgt die bedeutendste Längenveränderung $\frac{1}{380}$, die gröfste Winkelverzerrung 18'. Wäre auf Corsica keine Rücksicht genommen und als mittelster Parallel 46° 30' statt 45° gewählt worden, so hätte die Längenveränderung auf $\frac{1}{650}'$ die Winkelverzerrung auf 10' 30', herabgemindert werden können.

Die Winkelverzerrungen der Bonne'schen Projection und namentlich die derselben zu Grunde liegende unregelmäfsige Form der Meridiane treten recht auffällig hervor, wenn das Kartennetz, wie in Fig. 18 geschehen, auf

Fig. 18.
Bonne'sche Projection,
auf 2 Erdquadranten angewendet.

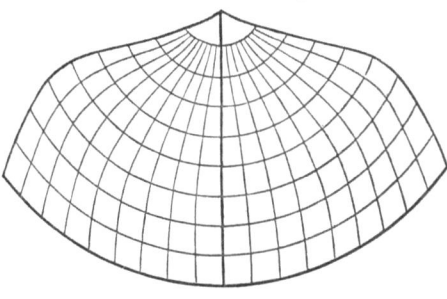

Fig. 19.
Flamsteed'sche Projection,
auf 2 Erdquadranten angewendet.

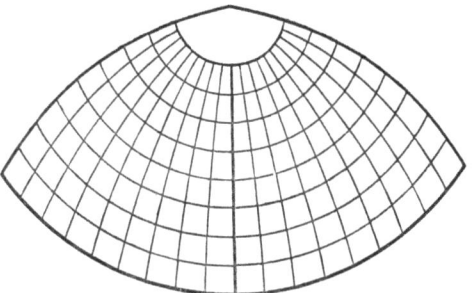

Parallelgrade zuverlässig ausgeführt werden.

Die Karte von Europa würde in Bonne'scher Projection ohne Entfernungsfehler von wenigstens 12 pCt. und ohne Richtungsabweichungen bis 6¼ Grad nicht herzustellen sein. Diese gröbsten Fehler treffen allerdings nur die äufsersten Theile der Karte. In der Mitte (auf 6 bis 7 Grad Entfernung vom Mittelpunkt) sind die Fehler äufserst geringfügig. Karten von nicht mehr als 14 Grad Längenausdehnung können defshalb wohl als zuverlässig gelten.

Auf der neuen topographischen Karte von Frankreich (1 : 80 000), deren Gradnetz nach Bonne'scher Projection

2 ganze Erdquadranten ausgedehnt wird. Diese Verzerrungen zu vermindern, ist die Aufgabe der Flamsteed'schen Projection (s. Fig. 19), bei welcher die unregelmäfsigen Curven der Bonne'schen Meridiane durch Kreisbögen ersetzt werden, welche sich — gleich den geradlinigen Meridianen der Kegelprojection — sämmtlich in einem Punkte treffen.

Dieser Punkt kann auf verschiedene Weise festgestellt werden. Am einfachsten legt man einen Meridian der Bonne'schen Projection zu Grunde, der von dem mittelsten Meridian der Karte etwa um $\frac{1}{6}$ der ganzen Kartenbreite entfernt ist. Die 3 Schneidepunkte dieses Meridians mit dem mittelsten, sowie den beiden äufsersten Parallelkreisen der Karte dienen zur Construktion eines Kreisbogens für diesen Meridian. Der Punkt, in welchem der Kreisbogen den Mittelmeridian oberhalb der Karte trifft, wird der gemeinschaftliche Schneidepunkt der übrigen Meridiane, deren Kreisbögen man construirt, indem man als zweiten und dritten Punkt für jeden die Bonne'schen Schneidepunkte der beiden äufsersten Parallelkreise mit den betreffenden Meridianen erwählt.

Wenn hierdurch auch die übrigen Bonne'schen Gradnetzpunkte um einen verschwindend kleinen Betrag verschoben werden und die Richtigkeit

der Franzose Tissot scharfe analytische Untersuchungen darüber angestellt, auf welche Weise das Gradnetz für ein beliebiges Land mit Rücksicht auf seine besondere Gestalt und seine Ausdehnung in der Länge und Breite zu entwerfen sei. *(A. Tissot, mémoire sur la représentation des surfaces et les projections des cartes géographiques; Paris, Gauthier-Villars 1881.)* Die äufsersten Längenmessungsfehler für eine nach Tissot's Anweisung hergestellte Karte von Frankreich sollen nur $^{1}/_{1000}$ betragen. Der hierin liegende Gewinn an Genauigkeit kommt indefs bei Karten von geringerem Mafsstabe nicht zur Erscheinung; auch ist ein

Fig. 20.

Sanson-Flamsteed'sche Projection.

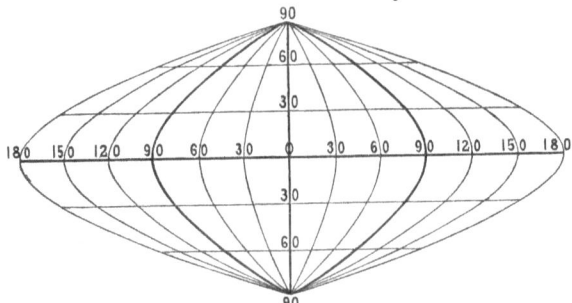

der Parallelgradmafse, sowie die Flächentreue eine geringe Einbufse erleidet, so gewinnt dafür das Gradnetz in allen anderen Beziehungen und nähert sich in Bezug auf Gleichmäfsigkeit, Linien- und Winkeltreue dem Kegelgradnetz, welchem es jedoch an Flächentreue noch voransteht. Die Flamsteed'sche Projection kann mithin als eine glückliche Vermittelung zwischen der Bonne'schen und der Kegelprojection betrachtet werden; sie ist bei der topographischen Karte Niederlands zur Anwendung gekommen.

Um die mit jeder Kartenprojection verknüpften Fehler auf's äufserste herabzumindern, hat in neuester Zeit

Gradnetz nach den Tissot'schen Formeln (welches für Länder von unregelmäfsiger Form nicht streng symmetrisch ausfällt) weit schwieriger zu entwerfen, als die bisher besprochenen.

Wird bei der Bonne'schen Projection der Aequator als mittelster Parallel der Karte gewählt, so werden sämmtliche Parallele zu geraden Linien. Die Projection in dieser Gestalt führt den Namen Sanson-Flamsteed'sche Projection (Fig. 20) und wird vorzugsweise für die Karte von Afrika angewendet, kann aber auch auf die ganze Erde ausgedehnt werden, wenn man eine flächentreue Abbildung derselben haben will. Es erhalten in diesem Falle die Grenzmeridiane die schon oben erwähnte auffallende Form, vermöge deren die nach dem äufsersten Rande zu liegenden Länder sehr zusammengedrückt erscheinen.

Der letztere Uebelstand tritt in geringerem Grade auf bei Mollweide's flächentreuer Projection (auch Babinet's homalographische Projection genannt, Fig. 21), bei welcher das Halbkugelbild durch einen Kreis, den 90. Meridian, begrenzt wird; alle übrigen Meridiane sind Ellipsen, die Parallelkreise gerade Linien, deren Abstände sich, um Flächentreue zu erzielen, vom Aequator nach den Polen zu ein wenig verringern. Während die Abstände

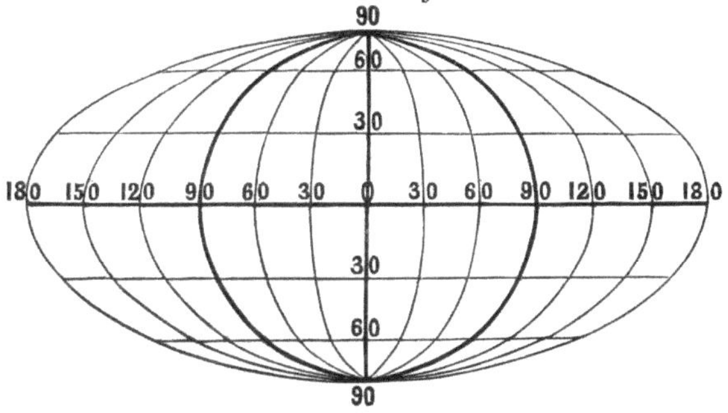

Eine Abbildung der ganzen Erde in dieser Projection befindet sich in Justus Perthes' neuestem Taschenatlas und in gröfserem Maafsstab auch in Berghaus' neuem physikalischen Atlas.

———

Von den bisher vorgeführten Abbildungsmethoden giebt keine die Umrisse der Erde oder zunächst die Gradnetzlinien des Globus so wieder, wie sie wirklich sind, was uns nicht weiter befremdet, da wir gesehen haben, dafs auf ebener Fläche solche Wiedergabe unausführbar ist. Aber jene Abbildungen stellen auch die Gegenstände nicht einmal so dar, wie sie dem Auge er-

Fig. 21.
Mollweide's Projection.

bei richtigen Maafsen von Grad zu Grad etwa 111,1 km, von 10 zu 10 Grad also 1111 km, betragen müfsten, hat die Mollweide'sche Projection vom:

0—10°	etwa	1 370	km	Abstand,	
10—20°	-	1 350	-	-	
20—30°	-	1 320	-	-	
30—40°	-	1 270	-	-	
40—50°	-	1 200	-	-	
50—60°	-	1 110	-	-	
60—70°	-	1 000	-	-	
70—80°	-	830	-	-	
80—90°	-	550	-	-	

Die Abstände sind also in der Nähe des Aequators um $1/_{52}$ gröfser, in der Nähe der Pole jedoch nur halb so grofs, als sie sein müfsten.

scheinen; sie liefern kein perspectivisch richtiges Bild des Globusgradnetzes. Dafür haben sie den Vorzug, dafs sie entweder bequem ausführbar oder flächentreu (äquivalent) oder in den einzelnen Theilen möglichst ähnlich (winkeltreu, conform) sind, oder gewissen anderen, dem praktischen Bedürfnifs entnommenen Bedingungen genügen. Man nennt solche Abbildungen conventionelle Projectionen; die Kegel- und die Cylinderprojection führen auch den Namen abwickelbare Projectionen, weil sie auf der Voraussetzung beruhen, dafs von der Erde, als Kegel oder Cylinder gedacht, die Oberfläche wie ein Mantel abgewickelt und ausgebreitet werde.

Den conventionellen Projectionen stehen gegenüber die p e r s p e c t i v i - s c h e n, welche den Globus so ab- bilden, wie er, von irgend einem Punkte aus gesehen, dem Auge erscheint oder doch erscheinen würde. Man denkt sich bei diesen Projectionen das Grad- netz und die Umrisse der Länder zu- vor · auf eine Kugel übertragen; alle vorzunehmenden Abbildungen beziehen sich statt auf die Erdkugel auf diesen künstlichen Globus.

Da das Auge nun in Bezug auf letzteren unzählige verschiedene Stel- lungen einnehmen kann, deren jede einen anderen Anblick des Globus ge- währt, so giebt es auch unzählige per- spectivische Projectionen. Alle aber haben folgende Eigenschaft gemein.

Sie erzeugen Abbildungen, die im Mittelpunkte mit der betreffenden Stelle des Globus völlig übereinstimmen, in den um den Mittelpunkt gelegten engeren und weiteren Kreiszonen aber von ihrem Urbild um so mehr ab- weichen, je größer die Entfernung vom Mittelpunkt der Abbildung ist. Die in derselben Kreiszone, d. i. in gleicher Entfernung vom Mittelpunkte liegenden Stellen der Karte haben auch das gleiche Vergrößerungs- oder Verkleinerungs- verhältnis, jedoch mit der Eigenthüm- lichkeit, daß dieses Verhältnis für Linien in der r a d i a l e n Richtung (vom Mittelpunkt zur Peripherie) meistens ein anderes ist, als für Linien in der t a n g e n t i a l e n Richtung (recht- winklig zur radialen). Bei den con- ventionellen Projectionen waren es da- gegen — wie wir gesehen haben — bestimmte Parallele oder Meridiane, in denen die Abbildung mit dem Urbilde übereinstimmte.

Die perspectivischen Abbildungen des Erdglobus können nun so darge- stellt werden, daß einer der beiden Pole den Mittelpunkt der Karte bildet (P o l a r p r o j e c t i o n). Die mit gleichen Fehlern behafteten Zonen fallen dann

mit den Parallelkreisen zusammen; die radiale Richtung wird durch die Me- ridiane vertreten. Dehnt sich die Karte bis 90 Grad vom Mittelpunkt aus, so bildet den äußersten Grenzkreis der Aequator. Die Projection führt in diesem Falle auch den Namen A e q u a - t o r i a l p r o j e c t i o n.

Nächst der Polarprojection liefert das regelmäßigste Gradnetz die M e r i - d i a n p r o j e c t i o n, deren Mittelpunkt irgend ein Punkt des Aequators ist. In diesem Punkte schneidet sich der mittelste Meridian mit dem Aequator im rechten Winkel. Beide bilden die Durchmesser der Karte, um welche sich die übrigen Meridiane und Par- allele so ordnen, daß das Gradnetz sowohl nach rechts und links als auch nach oben und unten streng symme- trisch erscheint.

Trifft der Mittelpunkt der Abbildung weder Pol noch Aequator, sondern irgend einen dazwischen liegenden Breitengrad, so entstehen Gradnetze, deren Symmetrie sich — wie es auch bei den meisten Kegelprojectionen zu- trifft — auf die rechte und linke Seite der Karte beschränkt. Man nennt solche Projectionen schlechthin H o r i - z o n t a l p r o j e c t i o n e n — obgleich eigentlich sämmtliche perspectivische Projectionen Horizontalprojectionen sind, d. h. den jedesmaligen Hori- zont des Auges wiedergeben.

Haben wir hiermit die Erscheinungs- formen der perspectivischen Projectio- nen gekennzeichnet, so wenden wir uns nunmehr zu den Hauptarten der- selben. Ihr Unterscheidungsmerkmal ist das Entfernungsverhältnis zwischen dem Mittelpunkte des Globus und dem Augenpunkte. Da bei ein und der- selben Entfernung, also bei feststehen- dem Augenpunkt und feststehendem Mittelpunkt, der Globus um seinen Mittelpunkt nach allen Richtungen hin als drehbar angenommen werden und mithin ebensowohl der Pol als ein

Punkt des Aequators oder ein beliebiger anderer Punkt der Oberfläche dem Auge zugekehrt sein kann, so ist auch jede Art der perspectivischen Projectionen sowohl als polare wie als Meridian- oder schlechthin horizontale Abbildung darstellbar.

Wir beginnen mit der Vogelperspective, deren wir im Eingange unserer Besprechung bereits Erwäh-

Fig. 22.
Vogelperspective.

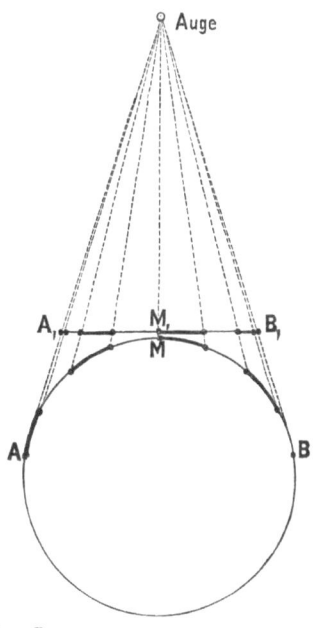

$AMB =$ Abzubildender Bogen.
$A_1 M_1 B_1 =$ Ebene Abbildung desselben.

nung gethan haben. Der Augenpunkt liegt hier in beliebiger endlicher Entfernung aufserhalb des Globus, s. Fig. 22. Die Abbildung erstreckt sich auf die dem Auge zugewendete Globusseite. Dafs diese anscheinend selbstverständlichen Eigenschaften besonders hervorgehoben werden, mag befremdend erscheinen; wir werden aber auch Projectionen kennen lernen, bei denen der Augenpunkt nicht aufserhalb des Globus liegt, sowie solche, die bei aufsen-

liegendem Augenpunkte doch die dem Auge abgewendete Seite des Globus abbilden.

Dafs die Vogelperspective mehr für malerische als für eigentliche Landkártendarstellung geeignet ist, haben wir bereits erörtert. Wenn aber das Auge sich weiter und weiter von der Erdkugel entfernt, so kehrt sich das Verhältnifs um; das Malerische tritt

Fig. 23.
Orthographische Projection.

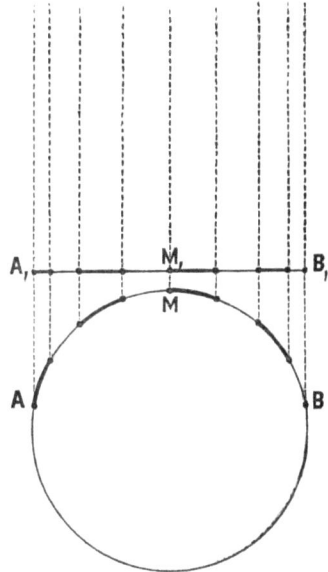

$AMB =$ Abzubildender Bogen.
$A_1 M_1 B_1 =$ Ebene Abbildung desselben.

zurück, das zu übersehende Feld wird gröfser, die Abbildung landkartenartiger.

Rückt das Auge in unendliche Ferne, so dafs alle Sehstrahlen zu geraden Linien werden (Fig. 23), so entsteht eine für gewisse Zwecke brauchbare Kartenprojection, die orthographische oder Orthogonal-, auch Parallelprojection genannt, mittels deren sich sogar eine ganze Erdhälfte — als nördliche, südliche, östliche, westliche oder durch irgend eine andere beliebige Theilung entstehende Halbkugel — abbilden läfst. Die Abbildung ist, wie bei allen perspectivischen Projectionen, in der Mitte getreu; die übrigen Theile in der Richtung vom Mittelpunkt nach der Peripherie (radial) werden enger und enger zusammengeschoben, also verkürzt, in der Richtung rechtwinklig zum Radius behalten sie dagegen ihr richtiges Mafs. Das radiale Verkleinerungsverhältnifs beträgt für Linien, wie für Flächen bei Entfernungen vom Mittelpunkt der Karte

von 6° (wie Deutschland) 1 : 0,9945, d. i. um $\frac{1}{182}$,
- 10° . . . . . . 1 : 0,985,   -   - $\frac{1}{60}$,
- 20° . . . . . . 1 : 0,940,   -   - $\frac{1}{17}$,
- 30° (wie Europa) . 1 : 0,866, -   - $\frac{1}{8}$,
- 40° (wie Afrika) . 1 : 0,766, -   - $\frac{1}{4}$,
- 50° . . . . . . 1 : 0,743,   -   - $\frac{1}{3}$,
- 60° . . . . . . 1 : 0,50,   -   - $\frac{1}{2}$,
- 70° . . . . . . 1 : 0,34,   -   - $\frac{2}{3}$,
- 80° . . . . . . 1 : 0,17,   -   - $\frac{7}{8}$.

Diese Fehler sind bedeutend gröfser als bei der Kegelprojection; gleichwohl entsteht ein recht natürlich aussehendes Bild der Kugelgestalt. Die orthographische Projection, welche von Hipparch (135 v. Chr.) angegeben worden ist, wird bei Abbildungen des Mondes angewendet, der dadurch so wiedergegeben wird, wie er uns erscheint.

Brauchbarer als die perspectivischen Abbildungen des Globus von aufsen erweisen sich diejenigen Abbildungen, welche auf der Voraussetzung beruhen, dafs das Auge sich innerhalb des Globus befinde, den man sich dann als hohle und durchsichtige Kugel denkt, auf welcher Gradnetz und Umrisse der Länder abgezeichnet sind.

Die gnomonische oder Centralprojection geht von der Voraussetzung aus, das im Mittelpunkt des Globus befindliche Auge sei auf irgend einen Theil der inneren Fläche gerichtet, welche in derselben Weise, wie sie dem Auge erscheint, wieder-

gegeben werden soll. Noch einleuchtender vielleicht erscheint das Wesen dieser Projection, wenn man sich im Mittelpunkt des Globus eine Lichtquelle denkt, durch welche Gradnetz und Länderumrisse als Schattenrisse auf einer aufserhalb des Globus befindlichen Wand projicirt werden

Fig. 24.
(Gnomonische Central- oder orthodromische) Projection.

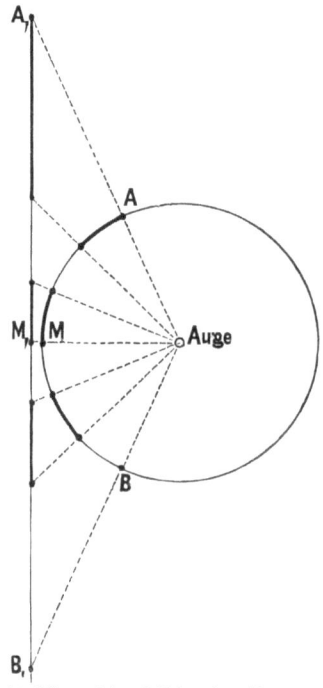

$AMB =$ Abzubildender Bogen.
$A_1 M_1 B_1 =$ Ebene Abbildung desselben.

(s. Fig. 24). Auch diese Wand, auf welcher die Schattenrisse mit der Feder nachzuziehen sind, ist als durchsichtig zu denken, damit die von innen umgekehrt dargestellte Abbildung auf der Rückseite der Wand in ihrer richtigen Lage erscheine.

Die Fehler dieser Abbildung sind bedeutend gröfser, als die der orthographischen Projection, aber in entgegengesetzter Weise. Es tritt nämlich mit zunehmender Entfernung vom Mittelpunkt nicht Verkleinerung, sondern Vergröſserung ein. Dieselbe beträgt in radialer Richtung bei einer Entfernung vom Mittelpunkt:

von 6° (Deutschland) $1:1{,}011 = 1\,^1/_{90}$,
- 30° (Europa) . . $1:1{,}333 = 1\,^1/_{3}$,
- 40° (Afrika) . . . $1:1{,}705 = 1\,^7/_{10}$,
- 50° . . . . $1:2{,}42 = 2\,^2/_{5}$

und steigt bei weiteren Entfernungen

Die Zeichnung erscheint bis auf 30, höchstens 40 Grad vom Mittelpunkt noch annähernd richtig — darüber hinaus verändern sich die Formen sehr —, man betrachte das in die Breite gezogene Arabien, das in die Höhe gezerrte Europa, das gegen den Maſsstab der Mitte wohl sechsfach vergröſserte Südamerika.

Diesen bedeutenden Fehlern steht

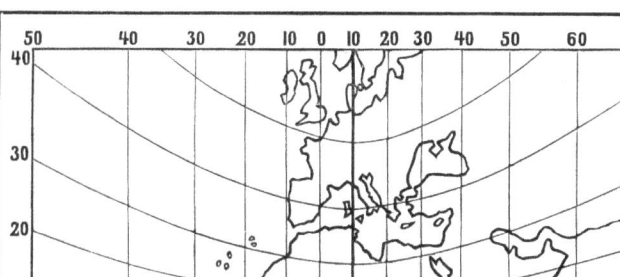

Fig. 25.
Gnomonisches Gradnetz.

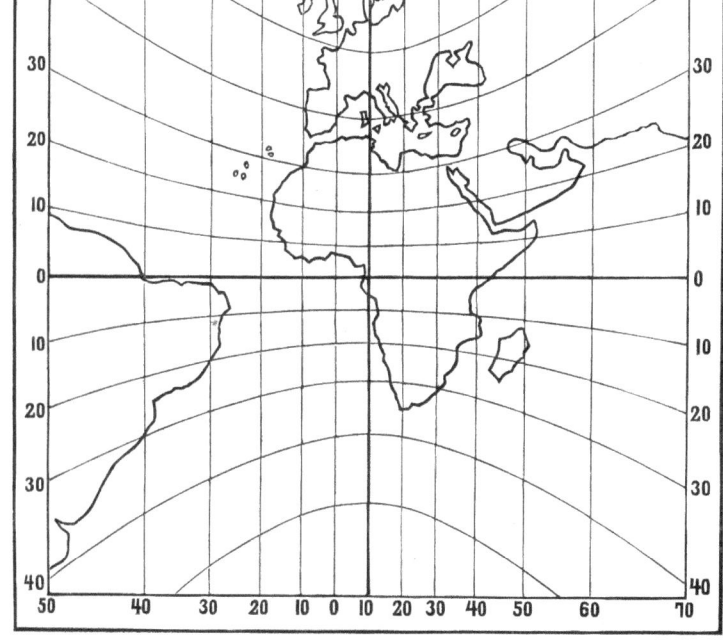

in solchem Maſse, daſs eine Entfernung von 90 Grad, weil unendlich, gar nicht darstellbar ist.

In der Richtung senkrecht zum Radius treten ebenfalls Vergröſserungen, aber in geringerem Maſse ein. Solche ungleichmäſsige Vergröſserung aber ruft Verzerrungen hervor, von deren Umfang man aus Fig. 25 sich eine Vorstellung machen kann.

indeſs eine sehr werthvolle Eigenschaft gegenüber, deren sich nur diese Projection rühmen kann: Der kürzeste Weg zwischen zwei Punkten, wie sie auf der Erdoberfläche auch gelegen sein mögen, erscheint stets als eine gerade Linie; es ist also aus der Karte ohne jede Schwierigkeit sofort zu ersehen, über welche Zwischenorte der kürzeste Seeweg oder die directe

Luftlinie zwischen zwei Orten führt (die Abbildung ist orthodromisch).

Alle sonstigen Karten — den gewölbten Globus selbst ausgenommen — sind in dieser Beziehung trügerisch. Bei der Kegelprojection bezeichnet die Bonne'schen Projection fast in allen Richtungen) bildet der kürzeste Weg eine durch mühsame Construction zu ermittelnde Curve, deren Abweichung von der geraden Linie je nach der Lage der Orte verschieden ist.

Fig. 26.
Gnomonische Projection.

Maßstab: Mittelpunkt der Karte 1:30 Millionen — längs des 1. Kreises 29,9, radial 29,7 Millionen — längs des 2. Kreises 29,5, radial 29,1 Millionen — längs des 3. Kreises 29, radial 28 Millionen — längs des 4. Kreises 28,1, radial 26,5 Millionen.

gerade Linie den kürzesten Weg nur in der Richtung der Meridiane, bei der Mercatorprojection nur in der Richtung der Meridiane und des Aequators — in allen übrigen Richtungen (ja bei der so verbreiteten Für den Seefahrer bildet deshalb die gnomonische Karte eine Ergänzung zu der Mercatorkarte. Während die geraden Linien in der letzteren ihm sagen, wohin er gelangt, wenn er stetig dieselbe Himmelsrichtung ver-

folgt, jeden Längengrad unter demselben Winkel schneidet, ist aus der
gnomonischen Karte durch Anlegen
des Lineals an den Abfahrts- und den
Ankunftshafen der einzuschlagende Kurs
und die geographische Breite zu
ersehen, unter der bei Einschlagung

fahrer, sondern — Dank der Regelung
der Umzugskosten bei Versetzungen —
unter Umständen auch für den Beamten
praktische Bedeutung hat, so liefs der
Verfasser dieses sich die Mühe nicht
verdriefsen, die Coordinatenpunkte für
Europa zu berechnen und danach eine

Fig. 27.
Bonne'sche Projection.

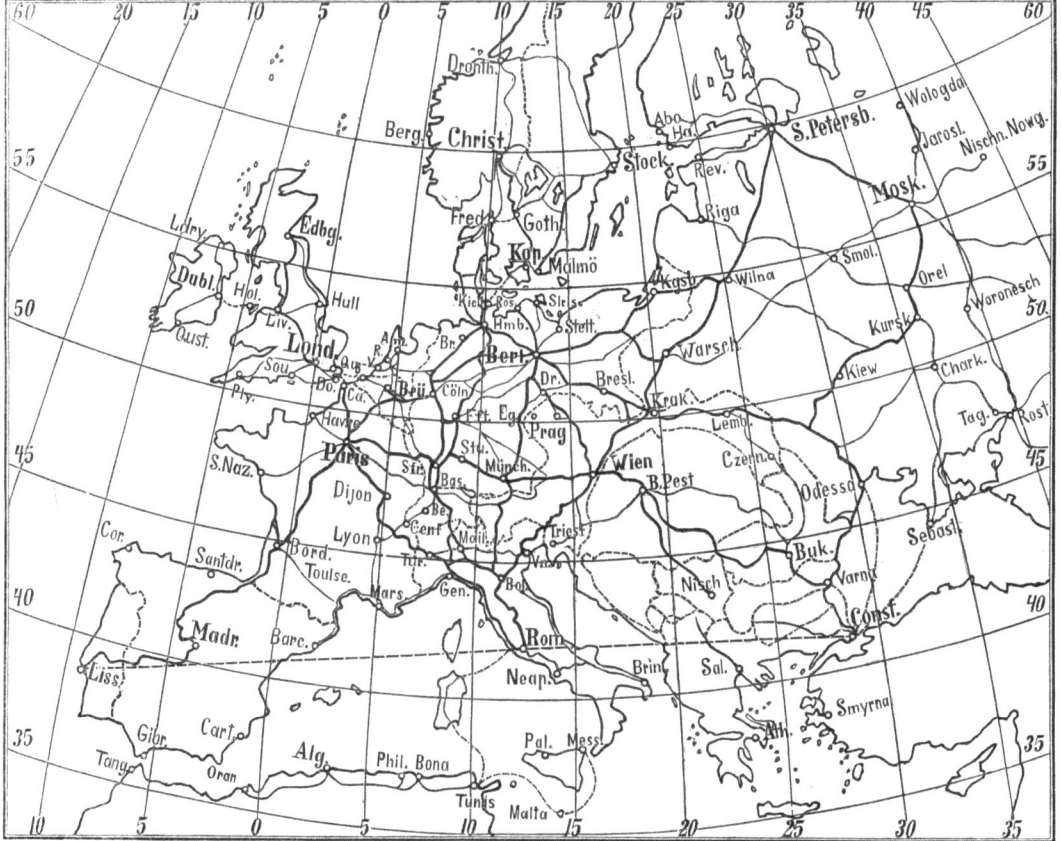

des kürzesten Weges jeder Längengrad zu durchsegeln ist.

Das Gradnetz der gnomonischen
Projection erfordert eine etwas weit-
schweifige Coordinatenberechnung. Da
aber die Frage, welche Zwischenorte
die directe Linie zwischen entfernten
Orten trifft, nicht blofs für den See-

gnomonische Karte anzufertigen, von
welcher eine verkleinerte Abbildung in
Fig. 26 gegeben ist. Trotz des geringen Mafsstabes läfst die Abbildung
erkennen, dafs die gerade Linie Lissabon—Constantinopel nicht, wie es auf
der Bonne'schen Karte von Europa
(Fig. 27) der Fall ist, durch Rom geht,

sondern Rom 1½ mm (das bedeutet hier etwa 45 km) nördlich liegen läfst. Die Mafse des Gradnetzes für gröfseren Mafsstab sind zum Nutzen derjenigen, die davon Gebrauch machen wollen, in der folgenden Tabelle zusammengestellt.

Gradnetzpunkte für Europa nach gnomonischer Projection, — der 50. Grad als Mittelparallel. Mafsstab 1 : 10 Millionen.

φ Breitengrade		λ Meridiane (vom Mittelpunkt der Karte ab gerechnet)						
		0°	5°	10°	15°	20°	25°	30°
		cm	cm	cm	cm	cm	cm	cm
65°	x =	17,098	17,198	17,498	17,999	18,705	19,619	20,745
	y =	0	2,436	4,869	7,296	9,714	12,118	14,506
60°	x =	11,251	11,360	11,686	12,233	13,004	14,005	15,243
	y =	0	2,827	5,654	8,479	11,303	14,123	16,939
55°	x =	5,583	5,698	6,044	6,625	7,446	8,515	9,841
	y =	0	3,207	6,416	9,631	12,853	16,085	19,328
50°	x =	0	0,120	0,480	1,086	1,943	3,062	4,456
	y =	0	3,573	7,167	10,767	14,387	18,032	21,660
45°	x =	— 5,582	— 5,460	— 5,090	— 4,469	— 3,588	— 2,435	— 0,994
	y =	0	3,954	7,920	11,908	15,930	19,997	24,121
40°	x =	— 11,251	— 11,128	— 10,755	— 10,128	— 9,236	— 8,067	— 6,599
	y =	0	4,334	8,685	13,069	17,504	22,008	26,600
35°	x =	— 17,098	— 16,976	— 16,606	— 15,983	— 15,094	— 13,925	— 12,454
	y =	0	4,726	9,475	14,271	19,137	24,101	29,189
30°	x =	— 23,225	— 23,106	— 22,745	— 22,137	— 21,268	— 20,098	— 18,671
	y =	0	5,137	10,304	15,534	20,859	26,314	31,939

Anm. Wenn durch den Mittelpunkt der Karte eine wagrechte und eine senkrechte Linie gelegt wird, so giebt x die Entfernung des betreffenden Schnittpunktes der Gradlinien von der wagrechten nach oben bz. unten, y die Entfernung von der senkrechten nach rechts und in gleicher Weise nach links an. Nach der der Tabelle zu Grunde liegenden Formel, deren nähere Begründung und Entwickelung man in Gretschels Lehrbuch, S. 75, findet, ist:

$$x = a \cdot \frac{\cos \alpha \cdot \sin \varphi - \sin \alpha \cdot \cos \varphi \cdot \cos \lambda}{\sin \alpha \sin \varphi + \cos \alpha \cdot \cos \varphi \cdot \cos \lambda},$$

$$y = a \cdot \frac{\cos \varphi \cdot \sin \lambda}{\sin \alpha \cdot \sin \varphi + \cos \alpha \cdot \cos \varphi \cdot \cos \lambda},$$

wo α die Breite des Mittelparallels der Karte, hier also = 50°, a aber der Erdhalbmesser (in der Verkleinerung 1 : 10 Millionen) ist.

Nach den obigen Maafsen lassen sich die Schnittpunkte der Gradlinien construiren, am bequemsten durch Abstechen auf einem Zeichenbogen, welcher mit aufgedrucktem Millimeterquadratnetz versehen ist.

Die werthvolle Eigenschaft der gnomonischen oder Centralprojection erklärt sich auf folgende Weise. Jeder kürzeste Weg zwischen zwei Punkten auf einer Kugel läfst sich durch einen biegsamen Streifen oder Faden darstellen, der, zwischen zwei Punkten ausgespannt, sich der Krümmung der Kugel anschmiegt, bei einer Verlängerung in derselben Richtung um die ganze Kugel herum aber einen die Kugel einschliefsenden Reifen (einen gröfsten Kugelkreis) bildet. Man denke sich nun solchen Kreis von der Kugel abgelöst oder vergröbert nachgebildet als dünnen Drahtring. Durch geeignete Drehung um seine Achse läfst sich diesem Ring eine solche Stellung geben, dafs er dem Auge nicht mehr als Kreis, sondern als Ellipse, ja bei weiterer Drehung schmäler und schmäler werdend als gerade Linie erscheint. Letztere Erscheinung tritt ein, sobald der Ring mit dem Auge in einer Ebene liegt, gleichviel ob die Ebene wagrecht, senkrecht oder anders gerichtet ist und ob das Auge aufserhalb oder innerhalb des Reifens sich befindet. Bei der gnomonischen oder Centralprojection liegt nun das Auge im Mittelpunkt der Kugel, folglich auch im Mittelpunkt jedes beliebigen um die Kugel gelegten gröfsten Kreises, also auch in derselben Ebene mit einem jeden, da alle gröfsten Kreisebenen denselben Mittelpunkt wie die Kugel haben. Bei solcher Lage des Auges müssen daher sämmtliche gröfsten Kugelkreise, sowie die Theilstücke derselben, welche den kürzesten Weg zwischen beliebigen Orten darstellen, als gerade Linien erscheinen.

In gnomonischer Projection ausgeführt, ist u. A. eine hydrographische Karte des nordatlantischen Oceans zwischen o Grad und 65 Grad nördlicher Breite von Knorr in Washington im Jahre 1869 erschienen. —

Für den Seefahrer ist es von grofser Wichtigkeit, genau zu wissen, wie die auf der gnomonischen Karte als gerade Linie erscheinende Linie des kürzesten auf der Erdoberfläche möglichen Weges auf der Mercatorkarte sich abzeichnet. Wir haben oben gesehen, dafs die Fehler der Mercatorkarte innerhalb der ersten 20 bis 30 Breitengrade nördlich und südlich vom Aequator nur mäfsig sind, defshalb weicht auch in diesen Breiten jene kürzeste Linie, die sogenannte geodätische Linie, nur wenig von der geraden loxodromischen Linie der Mercatorkarte ab. In nördlicheren und südlicheren Breiten treten aber bei weiten Entfernungen ganz beträchtliche Richtungsänderungen ein.

Die Richtungsabweichung der einen Linie gegen die andere läfst sich von Meridian zu Meridian mittels folgender einfacher Formel berechnen und construiren:

$$\varkappa = \frac{\lambda}{2} \sin \beta.$$

Hier bedeutet λ den Längenunterschied zwischen den beiden Punkten, welche durch die loxodromische bz. geodätische Linie in Verbindung treten, β den Breitengrad desjenigen Punktes, dessen Richtungsabweichung festgestellt werden soll, ϰ den Abweichungswinkel der geodätischen Linie gegen die loxodromische Linie.

Beispielsweise berechnet sich bei einer Fahrt von Plymouth nach Charleston in Süd-Carolina (s. Fig. 28) der Abweichungswinkel für den Ausgangspunkt Plymouth (dessen Breite β = 50 Grad, bei einem Längenunterschiede λ = 76 Grad) auf $\frac{76}{2} \cdot \sin 50°$ = 38 · 0,7660 = 29,2°. Der von Plymouth abfahrende Schiffer darf also, um den kürzesten Weg zu nehmen, nicht der geraden Verbindungslinie auf der Mercatorkarte folgen; er mufs statt der westsüdwestlichen Richtung, in welcher Charleston liegt, zunächst eine um 29,2 Grad abweichende westnordwestliche Richtung einschlagen.

4

Der Abweichungswinkel vermindert sich, je mehr die Entfernung von Charleston abnimmt. Er beträgt für die vom Punkt a auf dem 20. Längengrade ausgehende loxodromische Linie nach Charleston $\frac{60}{2} \cdot \sin 51,15° = 23,4$, vom Punkt b auf dem $37\frac{1}{2}$. Längengrad $\frac{42\frac{1}{2}}{2} \cdot \sin 50° = 16,3°$.

Schließlich trifft der Schiffer mit 20,7 Grad Abweichung von der ursprünglichen loxodromischen Linie in Charleston ein (nämlich $\frac{76}{2} \cdot \sin 33°$). Mit eben demselben Abweichungs-

Umweg, dagegen die erheblich längere loxodromische Linie als gerader Weg erscheint.

Die geodätische Linie bildet — falls sie nicht ausnahmsweise in den Aequator oder in einen Meridian, also mit der loxodromischen Linie zusammenfällt — auf der Mercatorkarte eine Curve, deren Wölbung dem Pole der betreffenden Erdhalbkugel zugewendet ist. Bei Fahrten über den Aequator hinweg entsteht eine gewundene Linie, deren obere Wölbung dem Nordpol, die untere dem Südpol sich zukehrt. (Wollte man auf die gnomonische Karte loxodromische Linien zeich-

Fig. 28.

Die Luftlinie (geodätische Linie) auf der Mercatorkarte.

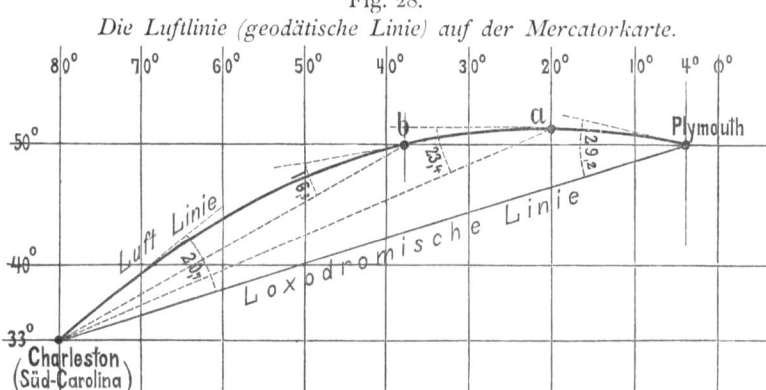

winkel muß der in umgekehrter Richtung fahrende Schiffer Charleston verlassen.

Für Fahrten, welche vom Aequator, also vom Breitengrad o ausgehen, wird der Abweichungswinkel $\varkappa = \frac{\lambda}{2} \cdot \sin o$ zu o. Hier hat also der Schiffer vom Aequator ab zunächst der loxodromischen Linie zu folgen, bis er bei weiterer Entfernung vom Aequator dieselbe allmählich verläßt.

So zeigt also die viel benutzte Mercatorkarte die Eigenthümlichkeit, daß auf derselben die kürzeste Entfernungslinie in der Regel als ein beträchtlicher

nen, so würden letztere Curven bilden, die sich umgekehrt verhalten, wie die obigen, indem ihre Wölbung gegen den Aequator gerichtet ist.)

Uebrigens wird die vom Schiffer einzuschlagende Richtung nicht immer von der directen Entfernungslinie allein bestimmt; oft beeinflussen Untiefen, Klippen, Meeres- und Luftströmungen die Wahl des Kurses.

Vermag das im Mittelpunkt des Globus befindliche Auge nur einen beschränkten Theil der Globuswand zu überschauen und dementsprechend die gnomonische Projection nur Karten von beschränktem Umfange, niemals aber eine volle Hälfte des Globus darzustellen, so erweitert sich der Blick wie der Darstellungskreis bedeutend, sobald das Auge vom Mittelpunkt bis zum äußersten Rand, bis in die Oberfläche des Globus zurücktritt und von

Fig. 29.
Stereographische Projection.

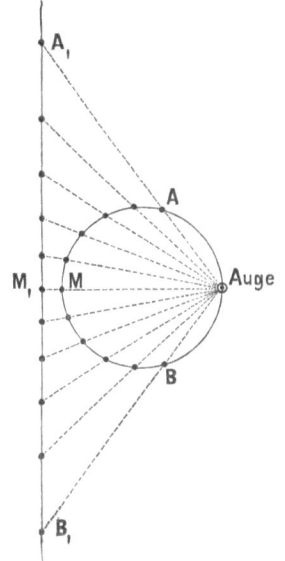

$AMB =$ Abzubildender Bogen.
$A_1 M_1 B_1 =$ Ebene Abbildung desselben.

dort aus die gegenüberliegende innere Globuswand anschaut. Dies ist der Fall bei der stereographischen Projection. (S. Fig. 29.)

Durch eine in der Wandung eines gläsernen Globus angebrachte Lichtquelle kann der größte Theil der Oberfläche des Globus auf der dahinter befindlichen Wand als Schattenriß projicirt werden; die äußersten Theile der Abbildung erscheinen freilich in starker Vergrößerung. Diese Vergrößerung aber hat das Eigenthümliche, daß sie in radialer Richtung nicht stärker ist, als in der rechtwinklig darauf stehenden. Die Abbildung ist deshalb in allen Theilen dem Urbilde ähnlich (winkeltreu, conform). Alle Kugelkreise (Linien directer Entfernung) schneiden sich in den richtigen Winkeln. Auch diese Projection wird dem Hipparch zugeschrieben. Das Gradnetz der stereographischen Projection wird gewöhnlich den Abbildungen der Erdhalbkugel zu Grunde gelegt und ist in den meisten Atlanten zu finden. Es hat, auf kleinere Theile der Erdoberfläche angewendet, Aehnlichkeit mit dem Bonne'schen Gradnetz, insofern Meridiane und Parallelen als Curven erscheinen; diese Curven sind aber bei der stereographischen Projection sämmtlich Kreisbögen, bei der Bonne'schen sind es nur die Parallelen. Bei einer Karte von nicht größerer Ausdehnung als Deutschland würden beide Gradnetze nur wenig von einander abweichen. Die Linearvergrößerung in den äußersten Punkten einer solchen Karte (6 Grad oder 666 km vom Mittelpunkte) würde höchstens $1{,}00275 = 1\,{}^1/_{364}$ betragen, also etwa so viel, wie bei der Kegelprojection in denjenigen Parallelkreisen, welche am meisten abweichen. Die Formeln zur Construction des Gradnetzes lauten:

$$x = 2\,a \cdot \frac{\sin \varphi \cdot \cos \alpha - \cos \varphi \cdot \sin \alpha \cos \lambda}{1 + \sin \varphi \cdot \sin \alpha + \cos \varphi \cos \alpha \cdot \cos \lambda},$$

$$y = 2\,a \cdot \frac{\cos \varphi \cdot \sin \lambda}{1 + \sin \varphi \cdot \sin \alpha + \cos \varphi \cdot \cos \alpha \cdot \cos \lambda},$$

wo x, y und die übrigen Zeichen dieselbe Bedeutung haben, wie in den Formeln der gnomonischen Projection.

Wir haben gesehen, daß durch die Verrückung des Auges aus dem Mittelpunkt der Kugel in die Oberfläche (d. i. durch die Wahl der stereographi-

4*

schen statt der gnomonischen Projection) die Vergröfserungsfehler bedeutend verringert wurden. Der Gedanke liegt nahe, dafs die Fehler vielleicht noch mehr abnehmen würden, wenn man das Auge noch weiter vom Mittelpunkt der Kugel entfernte, also ganz aus der Kugel herausrückte, wobei natürlich die dem Auge zunächst liegende Aufsenwand der Kugel zu entfernen wäre, damit die Innenfläche der gegenüber-

mufs, um möglichst geringe Vergröfserungen zu erzielen. Diese Entfernung ist eine um so geringere, je mehr Grade die Karte umfassen soll, eine um so gröfsere, je kleiner das darzustellende Gebiet ist.

Bei einer Karte von Deutschland würde die Entfernung des Auges vom Mittelpunkt der Kugel das Zweifache des Kugelhalbmessers — genauer das

Fig. 30.
Externe Projection.

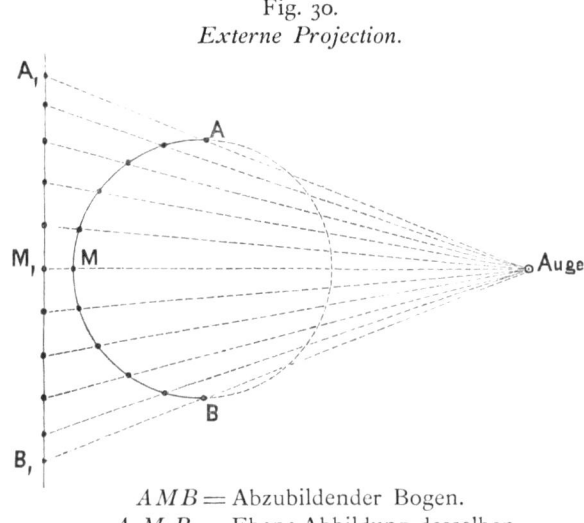

$AMB =$ Abzubildender Bogen.
$A_1 M_1 B_1 =$ Ebene Abbildung desselben.

liegenden Kugelhälfte zum Vorschein käme. In Stelle des Auges können wir uns, wie in beiden vorhergehenden Fällen, eine Lichtquelle angebracht denken, durch welche die Schattenprojection des Gradnetzes auf die hinterliegende Wand geworfen wird. (S. Fig. 30.)

In der That erfüllt eine solche Veranstaltung die gehegten Erwartungen. Auch läfst sich die Entfernung berechnen, welche das Auge einhalten

$1,9874$ fache — betragen müssen. Die lineare Vergröfserung im äufsersten Entfernungskreise — 6 Grad oder 666 km vom Mittelpunkt der Karte — wäre dann in radialer Richtung $1,00185$ (etwa $1\,^1/_{540}$), in der Richtung der Kreislinie selbst $1,00042$ (etwa $1\,^1/_{2400}$). Diese grofse Genauigkeit möchte vielleicht zur Construction und zur Verwendung des Gradnetzes anreizen; wir geben deshalb die Formel für die Coordinaten:

$$x = 2\,a \cdot \frac{\sin \varphi \cos a - \cos \varphi \sin a \cos \lambda}{1,9874 + \sin \varphi \sin a + \cos \varphi \cos a \cos \lambda},$$

$$y = 2\,a \cdot \frac{\cos \varphi \cdot \sin \lambda}{1,9874 + \sin \varphi \sin a + \cos \varphi \cos a \cos \lambda}.$$

Bei der Abbildung einer ganzen Halbkugel würde die Entfernung des Auges vom Mittelpunkt, um möglichst geringe Fehler zu erhalten, nur das $1{,}707$ fache des Kugelhalbmessers betragen dürfen. Die radiale Vergröfserung hätte dann ihren Höhenpunkt in der $57° 42'$ vom Mittelpunkt entfernten Zone, sie betrüge dort $1{,}03$, d. i. $1\,{}^1/_{33}$ Vergröfserung, — bei weiterer Entfernung vom Mittelpunkt würde sie abnehmen, bis bei 90 Grad, also auf der Randzone der Karte, eine Verkleinerung ($0{,}929$, also um $0{,}071$ oder etwa $^1/_{14}$) einträte. Dagegen wäre die Vergröfserung in der Richtung der Kreislinie auf der Randzone $1{,}586$, also über $1^1/_2$ fach. Diese Halbkugel-Projection ist von Lahire (1640 bis 1718) angegeben worden. (Näheres darüber findet man in Gretschel's Lehrbuch, S. 91.)

Alle solche perspectivischen Projectionen, bei denen sich das Auge aufserhalb des Globus befindet, nennt man externe Projectionen. In Betreff der Fehlergrenze erscheinen sie sowohl zur Darstellung von Halbkugeln, wie von Ländern und Erdtheilen wohl geeignet und stehen hierin der Bonneschen, sowie den Kegelprojectionen nicht nach. Man wird jedoch letzteren beiden meistens den Vorzug geben, weil sie bequemer zu construiren sind und dennoch die elliptische Gestalt der Erde in ihrer Einwirkung auf die Mafse der Längen- und Breitengrade berücksichtigen können, — der Kegelprojection aber insbesondere, weil in das Gradnetz derselben (wenn es, wie wir oben zeigten, angefertigt wird) topographische Karten, mechanisch verkleinert, ohne weiteres eingepafst werden können.

Aufser den hier besprochenen Projectionen giebt es noch verschiedene andere, den perspectivischen nachgebildete conventionelle Projectionen, auf welche wir nicht eingehen, weil sie allgemeinere Verbreitung nicht gefunden haben. —

Wenn jede Projectionsart einem besonderen Zwecke dient, wenn die Kegelprojection durch richtige Meridianmafse, die Mercatorprojection durch Uebereinstimmung mit dem Compafs, die gnomonische durch richtige Darstellung des directen Weges, die stereographische durch Winkeltreue (Formähnlichkeit), die Bonne'sche durch Flächentreue sich auszeichnen, — so giebt es trotzdem keine Projection, durch welche die Entfernung zwischen zwei beliebigen Punkten für alle Theile der Karte nach demselben Mafsstabe ganz richtig wiederzugeben wäre. Letztere Bedingung läfst sich nur durch Darstellung der Erde in körperlicher Form (als Globus) erfüllen. Der Globus vereinigt, soweit es sich um gröfsere Theile der Erde handelt, mit der Entfernungstreue auch die Vorzüge der verschiedenen ebenen Abbildungen: Winkeltreue und Flächentreue.

Nur in Bezug auf den Mafsstab der Darstellung kann der Globus nicht mit den ebenen Abbildungen wetteifern. Ein Erdglobus im Mafsstab $1:1$ Million, auf welchem die Abbildung von Deutschland eine Fläche von $1^1/_3$ m Breite einnähme, würde einen Durchmesser von $12{,}7$ m erfordern, also praktisch unmöglich sein. Selbst ein Globus von dem geringen Mafsstabe $1:10$ Millionen, also von $1{,}27$ m Durchmesser, erscheint in Anbetracht des Raumes und der Anschaffungskosten nur unter besonderen Umständen verwendbar.

Hier möchte als ein Auskunftsmittel, von dem unseres Wissens bis jetzt nicht Gebrauch gemacht worden ist, die Zerlegung des Globus in einzelne Theile zu empfehlen sein. Man erhielte runde Globusausschnitte, auf welchen Europa, Afrika, Nordamerika, der grofse Ocean u. s. w., jedes für sich, dargestellt wären, also eine Sammlung

gewölbter Einzelkarten, deren Auf-
bewahrung wenig Raum erfordert, da
bei gleichem Maßstabe sämmtliche

mäßig hohe Herstellungskosten nicht
verursachen würde, hat Verfasser dieses
an einer Karte von Afrika erprobt,

Fig. 31.
AFRIKA
als gewölbte Karte (Globus - Ausschnitt)
1 : 70 Millionen.

Karten mit ihren Wölbungen in einander passen. Daß die Verfertigung
solcher Karten dem Techniker besondere Schwierigkeiten und über-

deren (in gewölbter Form zusammen-
fügbare) Meridianstreifen in Fig. 31 verkleinert abgebildet sind. Werden die
Streifen auf einer entsprechend ge-

rundeten Kappe zusammengefügt und in eine mit rundem Ausschnitt versehene Papptafel eingeklebt, so tritt die Karte in mäſsiger Wölbung aus dieser Tafel hervor, wie Fig. 32 veranschaulicht.

Eine derartige Karte von Afrika, 80 Grad umfassend, hat bei dem Maſsstab 1 : 30 Millionen einen Durchmesser von 27,40 cm und eine Wölbungshöhe von 4,7 cm. Eine Karte von Europa, bei 50 Grad Ausdehnung Island und Kleinasien einschlieſsend, bedingt bei dem Maſsstab 1 : 20 Millionen einen Durchmesser von 27,75 cm und 3 cm Wölbungshöhe.

Eines Umstandes muſs jedoch erwähnt werden, welcher die Vortheile der gewölbten Darstellung nicht zur

Fig. 32.
Gewölbte Karte.

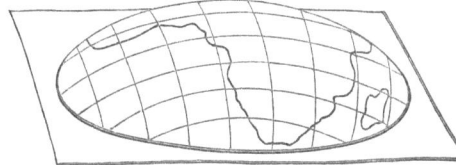

vollen Geltung gelangen läſst. Jeder der für den Globus oder Globusausschnitt zu verwendenden Meridianstreifen ist an und für sich nicht gewölbt, sondern eben. Es hält nicht schwer, demselben in der Hauptrichtung die erforderliche Biegung zu geben — er soll aber auch in der Querrichtung dem Globus sich völlig anschmiegen — und zu diesem Behuf muſs ihm Gewalt angethan werden: er muſs beim Anfeuchten und Aufkleben längs seiner Mittellinie stärker ausgereckt werden, als an den Rändern, und das um so mehr, je breitere Meridianstreifen zur Verwendung gelangen.

Es liegt auf der Hand, daſs hierdurch die ursprüngliche Genauigkeit

der Zeichnung beeinträchtigt wird, wenn man auch bei dem Entwerfen der Meridianstreifen die ungleiche Ausdehnung mit in Rechnung zieht.

Am richtigsten wäre es, jede Karte unmittelbar auf die gewölbte Globusfläche zu zeichnen; dann wäre aber eine Vervielfältigung durch Druck kaum ausführbar, jede einzelne Abbildung müſste vielmehr durch Handzeichnung bewirkt werden. Abgesehen von diesem mühsamen und kostspieligen Mittel bliebe noch übrig, ganz schmale Meridianstreifen zu verwenden, für welche die Querkrümmung als ver-

Maſsstab 1 : 10 Millionen,
Globushalbmesser = 63,56 cm.

Fig. 33.

Geog. Breite	A cm	B cm	K cm
90°	99,41	0	0
80°	88,44	1,91	0,17
70°	77,47	3,79	0,31
60°	66,48	5,55	0,42
50°	55,46	7,13	0,48
40°	44,42	8,51	0,48
30°	33,35	9,64	0,42
20°	22,25	10,45	0,31
10°	11,13	10,96	0,17
0°	0	11,13	0

schwindend klein aufser Betracht bleiben könnte. Man pflegt aber zur bequemeren Herstellung der Zeichnung die Meridianstreifen nicht schmäler zu machen, als 30 oder mindestens 20 Grad, und dieselben so zu construiren, dafs sie, um nach dem Aufkleben das richtige Mafs zu erhalten, durch Ausrecken in der Meridianrichtung etwa um ein Hundertdreifsigstel zu verlängern sind.

Wir geben in Fig. 33 die verkleinerte Zeichnung, sowie die Mafse eines solchen Meridianstreifens vom Pol bis zum Aequator, also für 90 Parallelgrade und zweimal 10 Längengrade, und zwar nach Anton Steinhauser's »Grundzüge der mathematischen Geographie und der Landkartenprojection, Wien 1864«. Die dort (S. 129) in geographischen Meilen bewirkten Angaben haben wir nach dem Mafsstab 1 : 10 Millionen in Centimeter umgerechnet; die Zeichnung daneben aber ist im Mafsstab 1 : 100 Millionen ausgeführt, für sie gelten also die Mafszahlen als Millimeter.

Die Spalte A der Tabelle enthält die Mafse für die Theilung der Mittellinie 90-A (Abscisse) in je 10 Breitengrade, also die Entfernung vom Punkt A (Aequator) bis zu den Punkten 90, 80, 70, 60 u. s. w.

Die Spalte B enthält die Mafse für je 10 Längengrade, also für die rechtwinklig von der Mittellinie aus gezogenen geraden Linien 80-B_8, 70-B_7, 60-B_6 u. s. w. (Ordinaten.) Die eigentlichen Parallelgradlinien kommen etwas tiefer zu liegen, sie gehen von den Punkten VIII, VII, VI u. s. w. aus, deren Entfernung von den Punkten 80, 70, 60 u. s. w. in der Spalte K angegeben ist. Beim Aufkleben mufs durch Ausrecken nach dem Pole hin den Breitengraden der Mittellinie das richtige Mafs gegeben werden, so dafs sie dieselbe Länge erhalten wie die gekrümmten Aufsenlinien $B B_1 B_2 \ldots B_8$.

Als Unterlage für eine gewölbte Karte wird man am zweckmäfsigsten eine Kugelkappe aus fester Pappe benutzen, welche durch Pressung zwischen zwei passend gedrechselten Holz- oder Metallformen die dem Mafsstab entsprechende Wölbung erhalten hat.

Um an einer fertigen gewölbten Karte oder auch an einem Globus zu prüfen, ob durch das Aufkleben und Ausrecken ein richtiges Gradnetz zu Stande gekommen ist, mufs man letzteres nachmessen. Dasselbe wird als richtig anzunehmen sein, wenn darin überall je 10 Grad des Aequators mit 10 Meridiangraden gleiches Mafs haben. Meistens werden sich jedoch Abweichungen von einigen Millimetern, zuweilen auch mehr ergeben, und da 1 mm bei dem Mafsstab 1 : 10 Millionen 10 km, bei dem Mafsstab 1 : 20 Millionen 20 km u. s. w. bedeutet, so kann man hiernach die gröfsere oder geringere Zuverlässigkeit eines Globus in Bezug auf Entfernungsmessungen mit einiger Sicherheit beurtheilen. —

Gröfsere Genauigkeit, als durch Messung auf Globus oder auf Karten, erzielt man durch Berechnung der directen Entfernungen, namentlich wenn es sich um Entfernungsfeststellungen über eine gröfsere Anzahl von Graden hinweg handelt. Ist die geographische Lage zweier Orte bekannt, so wird die directe Entfernung (die Länge der geodätischen Linie) zwischen beiden nach folgender Formel der sphärischen Trigonometrie ermittelt:
$$\cos \psi = \sin \varphi \sin \varphi_1 + \cos \varphi \cos \varphi_1 \cos \lambda.$$
(S. Fig. 34.).

Hier bedeutet ψ die gesuchte Länge der geodätischen Linie, in Aequatorgraden ausgedrückt, φ bz. φ_1 die geographische Breite jedes der beiden Orte, λ den Längenunterschied zwischen beiden Orten. Beispielsweise berechnen wir hiernach die Entfernung Greenwich - Washington in folgender Weise.

Nach den neuesten Feststellungen (Geographisches Jahrbuch, 1884, Bd. 10) ist die Breite von:

Greenwich $(\varphi) = 51° 28' 38''$,
Washington $(\varphi_1) = 38° 53' 39''$,
der Längenunterschied $(\lambda) = 77° 3' 1,4''$.

Fig. 34.

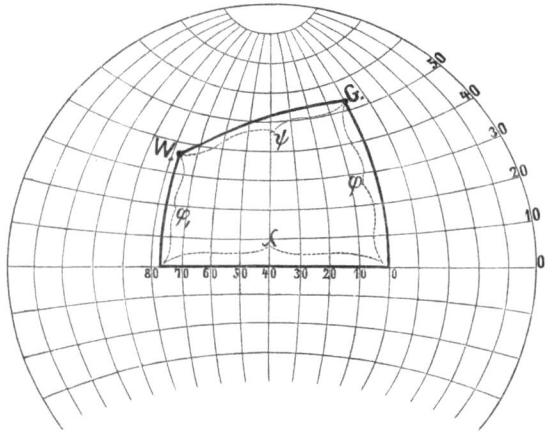

In den Logarithmentafeln findet man die Logarithmen von:

$$\sin 51° 28' 38'' = 9{,}8934068 - 10$$
$$\sin 38° 53' 39'' = 9{,}7978793 - 10$$

also $\log (\sin \varphi \cdot \sin \varphi_1) = 9{,}6912861 - 10$
und $\sin \varphi \cdot \sin \varphi_1 = 0{,}491231$.

Ebenso die Logarithmen von:

$$\cos 51° 28' 38'' = 9{,}7943675 - 10$$
$$\cos 38° 53' 39'' = 9{,}8911510 - 10$$
$$\cos 77° \quad 3' \quad 1'' = 9{,}3504340 - 10$$

also $\log \cos \varphi \cdot \cos \varphi_1 \cdot \cos \lambda = 9{,}0359525 - 10$
und $\cos \varphi \cdot \cos \varphi_1 \cos \lambda = 0{,}108630$,

$\cos \psi$ ist also $= 0{,}491231 + 0{,}108630 = 0{,}599861$, und da letztere Zahl den Cosinus von $53° 8' 24''$ darstellt, so ist die gesuchte Entfernung $\psi = 53{,}14$ Aequatorgraden, d. i. (den Aequatorgrad nach Bessel zu $111{,}307$ km gerechnet) $= 5914{,}85$ km.

Für die Entfernung Königsberg—Berlin würde sich ergeben:

Geographische Breite Königsberg $(\varphi) = 54° 42' 50{,}6''$,
-      -   Berlin $(\varphi_1) = 52° 30' 16{,}7''$,
Längenunterschied $\lambda = 7° 6'$,

$$\log \sin \varphi = 9{,}9118388 - 10$$
$$\log \sin \varphi_1 = 9{,}8994936 - 10$$
$$\log (\sin \varphi \cdot \sin \varphi_1) = 9{,}8113324 - 10$$
$$\sin \varphi \cdot \sin \varphi_1 = 0{,}647638$$

$$\log \cos \varphi = 9{,}7616703 - 10$$
$$\log \cos \varphi_1 = 9{,}7844012 - 10$$
$$\underline{\log \cos \lambda = 9{,}9966570 - 10}$$
$$\log (\cos \varphi \cdot \cos \varphi_1 \cdot \cos \lambda = 9{,}5427285 - 10$$
$$\cos \varphi \cos \varphi_1 \cos \lambda = 0{,}348922,$$
$$\cos \psi = 0{,}647638 + 0{,}348922 = 0{,}996560.$$

Letztere Zahl stellt den Cosinus von 4° 45′ 13″ dar. Also $\psi = 4{,}7536$ Grad und, den Grad zu 111,307 km gerechnet, $= 529{,}109$ km.

Fig. 35.

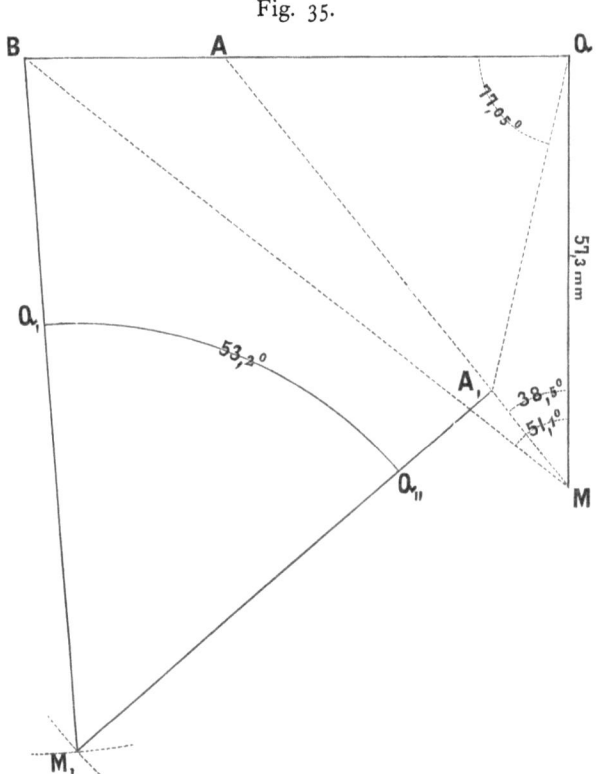

Die der obigen trigonometrischen Formel entsprechenden Entfernungs-feststellungen lassen sich auch durch Construction mit Hülfe des Winkel-messers (Transporteurs) bewirken. Man erzielt dann allerdings eine geringere Genauigkeit als durch Rechnung: die Fehlergrenze beträgt bei sorgfältiger Ausführung etwa $^1/_4$ Grad oder 28 km. Das einzuschlagende Verfahren möge an dem Beispiel Greenwich-Washington erläutert werden.

Wir gehen in Fig. 35 von der Linie $Q\,M$ aus. Dieselbe stelle den Erd-halbmesser vor, dessen Länge (57,3 Aequatorgrade) hier des bequemen Maſsverhältnisses halber auf 57,3 mm (d. i. 1 mm = 1 Grad) angenommen worden ist.

Man trägt an diese Linie in Q einen

rechten Winkel, in M die Polentfernungen von Greenwich, sowie von Washington in Winkelgraden, also je einen Winkel von 38,5 und von 51,1 Grad an. Die Schenkel $M A$ und $M B$ der beiden angetragenen Winkel schneiden das in Q errichtete Loth in A und in B. Man trägt nun an die Linie $Q B$ im Punkt Q die Linie $Q A$, und zwar unter einem Winkel von 77,05 Grad (dem Längenunterschiede der beiden Orte) als $Q A_1$ an. Von dem hierdurch gewonnenen Punkt A_1 aus schlägt man mit dem Halbmesser $A M$ einen Kreisbogen, ebenso vom Punkt B aus mit dem Halbmesser $B M$. Beide Kreisbögen schneiden sich im Punkt M_1. Die Verbindungslinien des Punktes M_1 mit A_1 und mit B schliefsen den Winkel $A_1 M_1 B$ ein, der, mit dem Gradmesser gemessen, etwa 53,2 Grad beträgt. Dieselbe Zahl erhält man in Millimetern (welche nach unserem Mafsstabe Aequatorgrade bedeuten), wenn man mit dem Erdhalbmesser $Q M$ von M_1 aus den Bogen $Q_{/}\ Q_{//}$ schlägt und dessen Länge mifst.

Diese 53,2 Grad stellen die Entfernung zwischen Greenwich und Washington dar, welche oben durch Rechnung auf 53,14 Grad ermittelt wurde.

––––––––––

Bei den bis jetzt durch Construction oder durch Rechnung bewirkten Entfernungsermittelungen ist die Erde als Kugel angenommen worden. Es bleibt noch nachzuweisen, inwieweit die Ergebnisse sich ändern, wenn man die Erde als abgeplattete Kugel, als Ellipsoid betrachtet. Aus den für die Bonne'sche Projection auf S. 36 angegebenen Gradmafsen ist zu entnehmen, dafs die Meridiangrade des Erdellipsoids nicht, wie die der Kugel, einander gleich, sondern nach dem Aequator hin kleiner, nach den Polen hin gröfser als die einer mit dem Halbmesser des Aequators construirten Kugel sind, — dafs ferner sämmtliche

Breitengrade des Ellipsoids die entsprechenden Breitengrade einer solchen Kugel an Gröfse übertreffen. Man sollte ohne genauere Sachkenntnifs eher das Gegentheil erwarten. Denn wenn man vom Mittelpunkt einer Ellipse aus Radien in gleichen Winkelabständen (10 oder 20 Grad oder, wie in Fig. 36, 30 Grad) von einander zieht, so werden die hierdurch abgetheilten Meridianbögen in der Nähe der Pole (d. h. der kürzeren Achse) kleiner als die in der Nähe des Aequators (d. h. der längeren Achse).

Fig. 36.

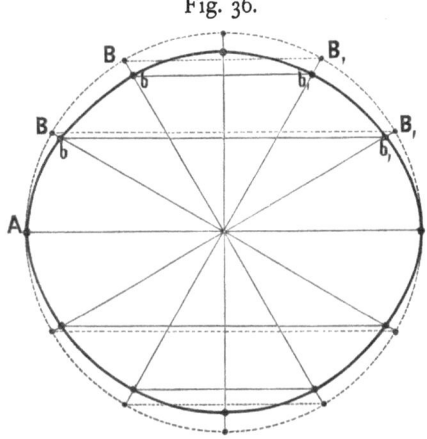

Die von den Theilpunkten ausgehenden Breitenlinien $b\ b_1$ aber werden sämmtlich kleiner als die entsprechenden Breitenlinien $B B_1$ des Kreises von gleichem Aequatordurchmesser.

Wenn man andererseits die Gradtheilung so einrichtet, dafs man den Umfang der Ellipse vom Aequator bis zum Pol in gleiche Theile theilt, so werden die von den Theilpunkten ausgehenden Breitenlinien ebenfalls kleiner als diejenigen, welche von den Theilungspunkten des Kreises ausgehen.

Die Gradtheilung der Erde wird indefs weder nach gleichen Mittelpunktwinkeln, noch nach gleichen Bogenstücken der Erdoberfläche, sondern nach gleichen Winkelabständen der von der Erdoberfläche ausgehenden Lothlinien bewirkt. Die Neigung der zu verschiedenen Orten auf der Erdoberfläche gehörenden Lothlinien gegen einander und gegen die Erdachse aber wird gemessen, indem man die Lage jener Lothlinien mit den Fixsternen und mit den Entfernungen der letzteren vom Himmelspol in Beziehung bringt. Diese Orientirung der Lothlinien am Himmelsgewölbe führt die Astronomie — Dank ihren überaus empfindlichen Gradnetzpunkt, jeder Fixstern am Himmelsgewölbe von der Erde so ungeheuer weit entfernt ist, dafs in dieser unendlichen Perspective nicht allein die Erde, sondern sogar die ganze Erdbahn zu einem Punkte zusammenschrumpft. Wenn defshalb Bogentheile des Himmelsgewölbes, Entfernungen zwischen zwei beliebigen Fixsternen von verschiedenen Punkten der Erde oder von verschiedenen Punkten der Erdbahn, d. i. zu ver-

Fig. 37.
Gradeintheilung der Ellipse.

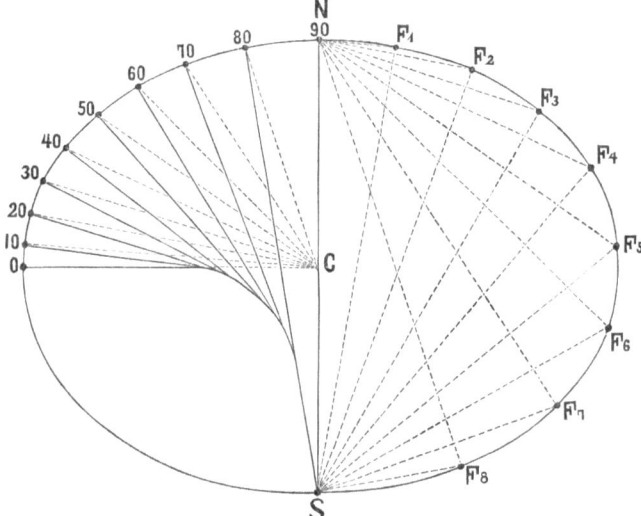

Instrumenten und ihren scharfsinnigen Beobachtungsmethoden — mit staunenswerther Genauigkeit aus.

Die Schwierigkeiten, welche die Uebertragung des Gradnetzes durch Lothlinien auf die Erdoberfläche verursacht, sind bereits oben besprochen worden. Es hat den Anschein, als ob dieselben noch dadurch bedeutend erhöht werden müfsten, dafs die Erde innerhalb des Himmelsgewölbes keinen festen Standpunkt einnimmt, vielmehr in einer Laufbahn von 41 000 000 km Breite sich bewegt. Dieser Umstand bleibt jedoch einflufslos, weil jeder schiedenen Jahreszeiten gemessen werden, so laufen die Ergebnisse keineswegs auf ungleiche, durch die verschiedenen Standpunkte beeinflufste Messungswinkel hinaus, sondern sie verhalten sich so, als ob die Messungen von einem und demselben Standpunkt aus stattgefunden hätten.

Bei solcher Sachlage würde das aus gleichen Bögen bestehende Himmelsgradnetz, mittels lothrechter Linien übertragen, auch auf der Erde gleiche Bögen abtheilen, und alle diese Lothe würden sich im Mittelpunkt der Erde treffen, wenn die Erde kugelförmig, ihre Umfangslinien nach allen Richtungen hin Kreise wären. Bei der Ellipse wie bei dem Ellipsoid bewirken aber die Lothe eine andere Eintheilung, wie Fig. 37 zeigt.

Die Theilung des oberen linken Viertels der Ellipse in Bogenstücke von je 10 Grad ist so erfolgt, daſs zunächst vom Südpol S aus in Abständen von je 10 Winkelgraden die Hülfslinien $S F_1$, $S F_2$ u. s. w. gezogen, deren Endpunkte F_1, F_2 u. s. w. mit dem Nordpol N verbunden worden sind. Die parallel mit den Verbindungslinien $N F_8$, $N F_7$ u. s. w. von dem Mittelpunkt C ausgehenden Radien theilen auf dem Umfange der Ellipse Bogenstücke von je 10 Grad ab. Auf diesen sind in den Punkten 80, 70, 60 u. s. w. lothrechte Linien errichtet, deren Richtungsunterschiede Winkel von je 10 Grad bilden, wie die Aufgabe verlangte. In dieser Zeichnung ist, um die Abweichung vom Kreise recht augenscheinlich zu machen, eine in übertriebener Weise abgeplattete Ellipse dargestellt worden, deren Durchmesser fast um $1/4$ (statt bei der Erde um $1/299$) von einander abweichen.

Es folgt aus dieser Betrachtung, daſs bei Linien, die in verschiedener Richtung um das Erdellipsoid gelegt werden, die gleichen Neigungswinkeln zwischen den Lothen entsprechenden Bogenstücke verschiedenes Längenmaſs haben müssen. Die Höhenpunkte dieser Verschiedenheit treten zu Tage, wenn man die vom Pol nach dem Aequator gerichteten Linien den sie rechtwinklig schneidenden, also quer über den Meridian um die Erde gespannten Linien gegenüberstellt.

Die folgende Tabelle giebt — unter der Voraussetzung einer Erdabplattung von 1 : 299,2 — für die verschiedenen geographischen Breiten diejenigen Entfernungen in Kilometern an, welche einem Lothabstande von je 1 Grad einerseits in der Meridianrichtung, andererseits in der Querrichtung (Ost-West-Richtung) entsprechen. Wenn die Angaben auch sprungweise von 5 zu 5 Breitengraden fortschreiten, so lassen sich die Maſse für die dazwischen liegenden Breitengrade durch proportionale Einschaltung doch leicht annähernd berechnen.

Länge eines Aequatorgrades:
1 1 1,307 km.

Geographische Breite.	Länge eines Grades in			Fehlergrenze des	
	Meridian-richtung.	Quer-richtung.	mittlerem Durchschnitt.	mittleren Durchschnitts.	Aequatorgrades.
	km	km	km		
90	111,680	111,680	111,680	0	1/299
85	111,671	111,677	111,674	1/37200	1/310
80	111,646	111,669	111,657	1/9300	1/308
75	111,605	111,655	111,630	1/4440	1/320
70	111,548	111,636	111,592	1/2540	1/339
65	111,479	111,613	111,546	1/1660	1/365
60	111,399	111,586	111,492	1/1190	1/400
55	111,311	111,558	111,434	1/910	1/445
50	111,216	111,525	111,370	1/720	1/510
45	111,119	111,493	111,306	1/595	1/592
40	111,022	111,460	111,241	1/510	1/391
35	110,929	111,429	111,179	1/445	1/295
30	110,841	111,399	111,120	1/400	1/237
25	110,762	111,373	111,067	1/360	1/204
20	110,693	111,350	111,021	1/340	1/184
15	110,638	111,331	110,985	1/320	1/166
10	110,597	111,318	110,957	1/307	1/156
5	110,572	111,309	110,940	1/301	1/151
0	110,564	111,307	110,935	1/298	1/149.

Nach dieser Tabelle wird man die Entfernungen Greenwich-Washington bz. Berlin-Königsberg berichtigen können, indem man statt der Aequatorgradlänge von 1 1 1,307 km die der mittleren geographischen Breite jener Orte entsprechenden Maſse zu Grunde legt.

Die diesen mittleren Durchschnittsmaſsen anhaftenden Abweichungen gegen die wirklichen Maſse der Meridian- bz. der Querrichtung bezeichnen die Grenzen, innerhalb deren die Entfernungsfehler sich bewegen; sie sind, wie die Tabelle ergiebt, unter den verschiedenen Breitengraden verschieden, doch stets geringer, und meistens beträchtlich geringer, als wenn das Mafs des Aequatorgrades ($111{,}307$ km) zu Grunde gelegt wird. Die gröfste Höhe ($^1/_{298}$) erreichen die Fehler am Aequator und in der Nähe desselben, weil hier die Mafse der Meridianrichtung und der Querrichtung am meisten von einander abweichen. Unter dem 35. Breitengrade sind die Fehler kleiner als $^1/_{440}$ und verringern sich von da ab nach dem Pole zu ganz bedeutend. Für Entfernungsberechnungen innerhalb Europas wird man also mit dem mittleren Durchschnittsmafse einen genügend hohen Grad der Genauigkeit erreichen.

In Betreff der Linie Berlin-Königsberg (Preufsen) würde, wenn man die in Betracht kommende mittlere geographische Breite von etwa $53^1/_2$ Grad in die Tabelle einschaltet und nach den Angaben für den 50. und 55. Grad die Durchschnittslänge eines Grades auf $111{,}415$ km annimmt, die ganze Länge von $4{,}7536$ Graden sich auf $529{,}622$ km berechnen, also $0{,}475$ km höher als unter Zugrundelegung des Aequatormafses.

Für die Linie Greenwich-Washington kommt als mittlere Breite die des 45. Grades in Betracht. Unter diesem Breitengrade stimmen, wie die Tabelle ergiebt, Aequatormafs und mittlerer Durchschnitt nahezu mit einander überein, so dafs hier eine gröfsere Genauigkeit durch das mittlere Durchschnittsmafs nicht gewonnen wird.

Man kann indefs eine höhere Genauigkeit erreichen, wenn man den Umstand mit in Berechnung zieht, dafs die Verbindungslinie Greenwich-Washington keineswegs die Mitte hält zwischen der Meridianrichtung und der Querrichtung, wie es bei Anwendung des mittleren Durchschnittsmafses der Fall sein müfste, sondern weit mehr nach der Querrichtung hinneigt. Der überwiegende Einflufs der letzteren läfst sich in völlig zutreffender Weise in Rücksicht auf die elliptische Form der Erde zwar nur durch Anwendung der Integralrechnung genau beziffern; zu einem annähernd richtigen Ergebnifs gelangt man aber durch folgende Erwägung:

Wir gehen davon aus, dafs nach der Tabelle auf S. 61 das geringste Gradmafs der Meridianrichtung zukommt, und dafs dasselbe, sobald diese

Fig. 38.   Fig. 39.

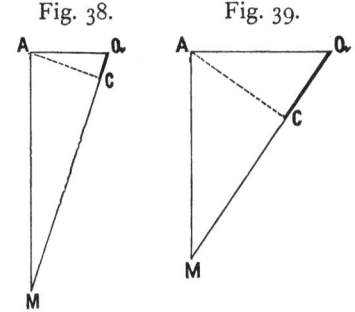

Richtung verlassen wird, von Grad zu Grad wächst, bis bei einem Abweichungswinkel von 90 Graden die Querrichtung (Ost-West) und mit derselben das höchste Gradmafs erreicht wird. Um für die Zwischenrichtungen das Gradmafs zu ermitteln, möchte auf den ersten Blick es angezeigt erscheinen, von dem Gradüberschufs der Querrichtung gegen die Meridianrichtung einen der Gröfse des Abweichungswinkels entsprechenden Theil, also auf je einen Grad Abweichung ein Neunzigstel des ganzen Ueberschusses dem Meridianmafs zuzuschlagen. Näher noch würde man dem wirklichen Sachverhalt treten, wenn man den Abweichungswinkel von der Meridianrichtung nicht nach der Zahl seiner Grade, sondern nach dem Sinusquadrat dieser Gradzahl in Rechnung zieht. Wenn in den Fig. 38 und 39 AM die Meridianrichtung, AQ die Querrichtung, AMQ den Abweichungswinkel (α) der Linie MQ von der Meridianrichtung darstellt, so verhält sich $QM : QC =$ $1 : \sin^2\alpha$. Dies Verhältnis aber ist, wenn α

$$30^\circ \text{ erreicht } = 1 : {}^1/_4,$$
$$45^\circ \quad - \quad = 1 : {}^1/_2,$$
$$60^\circ \quad - \quad = 1 : {}^3/_4.$$

Dagegen ist das aus der Gradzahl entspringende Verhältnis bei

$$22{}^1/_2{}^\circ = 1 : {}^1/_4,$$
$$45^\circ \quad = 1 : {}^1/_2,$$
$$67{}^1/_2{}^\circ = 1 : {}^3/_4.$$

Im Uebrigen sind die Ergebnisse beider Berechnungsweisen von 5 zu 5 Grad hierunter zusammengestellt.

Abweichungswinkel α	Verhältniszahl auf Grund		Unterschied
	der Gradzahl	des Sinusquadrats	
5°	0,055	0,008	— 0,047
10°	0,111	0,030	— 0,081
15°	0,166	0,067	— 0,099
20°	0,222	0,117	— 0,105
25°	0,277	0,179	— 0,098
30°	0,333	0,250	— 0,083
35°	0,388	0,329	— 0,059
40°	0,444	0,413	— 0,031
45°	0,500	0,500	0
50°	0,555	0,587	+ 0,032
55°	0,611	0,671	+ 0,060
60°	0,666	0,750	+ 0,084
65°	0,722	0,821	+ 0,099
70°	0,777	0,883	+ 0,106
75°	0,833	0,933	+ 0,100
80°	0,888	0,970	+ 0,082
85°	0,944	0,992	+ 0,048
90°	1,000	1,000	0

Die Unterschiede beider Berechnungsweisen belaufen sich hiernach höchstens auf den Betrag $\mp$ 0,106 (bei 20 bz. 70°). Multiplicirt man mit dieser Verhältniszahl den größtmöglichen Gradüberschuß (laut Tab. S. 61 für den Aequator 111,307 — 110,564, also 0,743 km), so erhält man als Höchstbetrag, der aber selten erreicht wird, 0,106 · 0,743 = 0,0788 km auf 1 Grad, das macht, den Grad auf rund 111 km angenommen, noch nicht $^1/_{1400}$, um welchen äußersten Betrag das Rechnungsergebnis größer oder kleiner ausfallen könnte, sobald man die eine oder die andere Berechnung anwendet. Die Berechnung nach dem Sinusquadrat ist übrigens, da die Werthe

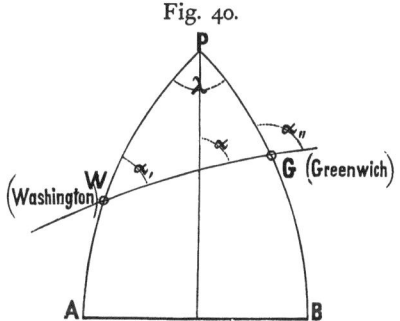

Fig. 40.

für den Ausdruck $\sin^2\alpha$ oben bereits angegeben sind und nur auf zwei Bruchstellen berücksichtigt zu werden brauchen, fast ebenso bequem, wie die nach der Gradzahl.

Beide Berechnungen setzen aber voraus, daß man den Abweichungswinkel α kennt. Annähernd und für den vorliegenden Zweck hinreichend genau läßt sich dieser Winkel durch Messung auf der Karte oder bei größeren Entfernungen dem Globus entnehmen; (es genügen volle Grade des Winkels, den die Entfernungslinie mit dem etwa in ihrer Mitte liegenden Meridian bildet). An unserem Beispiel Washington—Greenwich wollen wir jedoch auch die Berechnung des Abweichungswinkels zeigen, weil wir hierbei gleichzeitig die genaue Compaßrichtung kennen lernen, welche von dem Seemann bei der Abfahrt von einem oder dem anderen der beiden Endpunkte eingeschlagen, aber allerdings, wie wir oben gesehen haben, von Grad zu Grad — oder genauer noch von Minute zu Minute geändert werden muſs.

Zunächst ergiebt sich aus Fig. 40, daſs der Abweichungswinkel für den Meridian von Greenwich einen anderen Werth hat, als für den von Washington. Nach mathematischen Regeln verhält sich

$$\sin \alpha_1 : \sin PG = \sin \lambda : \sin WG,$$

und da $\sin PG = \cos GB$, so ergiebt sich

$$\sin \alpha_1 = \cos GB \cdot \frac{\sin \lambda}{\sin WG}.$$

In Betreff des Winkels $\alpha_{//}$, welcher denselben Sinus wie sein Nebenwinkel PGW hat, verhält sich

$$\sin \alpha_{//} : \sin WP = \sin \lambda : \sin WG,$$

und da $\sin WP = \cos AW$, so ergiebt sich

$$\sin \alpha_{//} = \cos AW \cdot \frac{\sin \lambda}{\sin WG}.$$

Hier bedeutet wie oben

λ den Längenunterschied Washington—Greenwich $= 77° 3' 1''$;

WG die Entfernung beider Orte in Graden $= 53° 8' 24''$;

GB die geographische Breite von Greenwich $= 51° 28' 38''$:

AW die geographische Breite von Washington $= 38° 53' 29''$.

Nach Einsetzung dieser Werthe in die obigen Gleichungen ergiebt die Ausrechnung

$$\alpha_{/} = 49° 20' 39'',$$
$$\alpha_{//} = 180° - 71° 26' 43'' = 108° 33' 17''.$$

Der mittlere Werth zwischen diesen beiden äuſsersten Abweichungswinkeln ist $78° 56' 58''$ oder rund $79°$; das Sinusquadrat desselben aber beträgt nach Tabelle Seite 63 etwa 0,96, und der Zuschlag, um welchen das Gradmaſs der Meridianrichtung (111,119 km) zu erhöhen ist, berechnet sich auf

$$0{,}96 \cdot (111{,}493 - 111{,}119) = 0{,}359 \text{ km}.$$

Die Durchschnittslänge eines Grades ist danach

$$111{,}119 + 0{,}359 = 111{,}478 \text{ km}.$$

Die ganze Entfernung Washington—Greenwich (53,14 Grad) aber beträgt

$$53{,}14 \cdot 111{,}478 = 5\,924 \text{ km}.$$

Das Ergebniſs der ersten Berechnung (5 914,85 km) wird hiernach um rund 9 km oder $1/650$ erhöht. —

Wird dieselbe Berechnungsweise auf die Entfernung Berlin—Königsberg angewendet, so ergiebt sich zunächst als mittlerer Abweichungswinkel

$$\alpha = 62° 21' 8'' \text{ oder rund } 62°$$
$$\sin^2 \alpha = 0{,}78.$$

Der Zuschlag zum Gradmaſs der Meridianrichtung beträgt

$$0{,}78 \cdot (111{,}548 - 111{,}282) = 0{,}208 \text{ km},$$

mithin das mittlere Gradmaſs

$$111{,}282 + 0{,}208 = 111{,}490 \text{ km},$$

und die ganze Entfernung von 4,754 Grad ist $= 530{,}02$ km.

Das Ergebniſs der ersten Berechnung (529,109 km) wird hierdurch etwa um $1/600$ erhöht. —

Es erübrigt noch, eine Entfernungsberechnung über den Aequator hinweg an einem Beispiel zu erläutern, weil hier Besonderheiten auftreten, welche bei dem obigen Rechnungsschema nicht berücksichtigt worden sind. Wir wählen hierzu die Entfernung zwischen Cairo und Melbourne.

Geographische Breite Cairo (φ) . . . $= 30° 4' 38{,}2''$,

- - Melbourne (φ_1) $= -37° 49' 53{,}1''$,

Längenunterschied (λ) . . . . $= 113° 41' 17{,}8''$.

Hier ist φ_1, da Melbourne südlich vom Aequator liegt, negativ, folglich auch $\sin \varphi_1$ negativ, $\cos \varphi_1$ aber positiv.

Dem Winkel λ entspricht, da er 90 Grad überschreitet, der positive Sinus und der negative Cosinus von $180° - 113° 41' 17,8''$, d. i. von $66° 18' 42,2''$. Mit Rücksicht hierauf ist:

$$\log \sin \varphi = 9{,}6\,999\,832 - 10,$$
$$\log \sin \varphi_1 = 9{,}7\,877\,015 - 10 \text{ (negativ)},$$
$$\log (\sin \varphi \cdot \sin \varphi_1) = 9{,}4\,876\,847 - 10 \text{ (negativ)}.$$
$$\sin \varphi \cdot \sin \varphi_1 = - 0{,}307\,386.$$

$$\log \cos \varphi = 9{,}9\,371\,923 - 10,$$
$$\log \cos \varphi_1 = 9{,}8\,975\,274 - 10,$$
$$\log \cos \lambda = 9{,}6\,039\,674 - 10 \text{ (negativ)},$$
$$\log (\cos \varphi \cdot \cos \varphi_1 \cdot \cos \lambda) = 9{,}4\,386\,871 - 10 \text{ (negativ)},$$
$$\cos \varphi \cdot \cos \varphi_1 \cdot \lambda = - 0{,}274\,592.$$

$$\cos \psi = - (0{,}307\,386 + 0{,}274\,592) = - 0{,}581\,978,$$
$$\text{also} \quad \psi = 180° - 54° 24' 36{,}7'' = 125° 35' 23{,}3''.$$

Um diese in Graden angegebene Entfernung in Kilometer umzurechnen, darf man nicht, wie in den vorigen Beispielen, das für die mittlere geographische Breite zwischen beiden Orten (also für $3° 52' 37''$) passende Gradmaß zu Grunde legen, welches nach obiger Tabelle etwa $110{,}570$ km für einen Grad der Meridianrichtung, $111{,}309$ km für einen Grad der Querrichtung beträgt. Man würde sonst, da in der Nähe des Aequators die Grade am kleinsten sind, nicht das Durchschnittsmaß, sondern ein zu kleines Maß erhalten. Hier ergiebt sich das Durchschnittsmaß auf folgende Weise.

Von dem Breitenunterschiede zwischen Cairo und Melbourne entfallen rund 30 Grad auf das Stück nördlich vom Aequator, 38 Grad auf das Stück südlich vom Aequator.

Für die ersteren beträgt das Durchschnittsmaß nach obiger Tabelle, S. 61, bei einer mittleren Breite von 15 Grad $110{,}985$ km;

für die letzteren bei einer mittleren Breite von 19 Grad $111{,}014$ km.

$$
\begin{array}{ll}
30. \; 110{,}985 = & 3\,329{,}55, \\
\underline{38. \; 111{,}014 = } & \underline{4\,218{,}53} \\
68° \qquad\quad = & 7\,548{,}08.
\end{array}
$$

Als Gesammtdurchschnittsgrad ergiebt sich $7\,548{,}08 : 68 = 111{,}001$ km.

Die ganze Linie Cairo—Melbourne von $125{,}59$ Graden berechnet sich hiernach auf $13\,940{,}61$ km.

Die Fehlergrenze hierfür ist nach obiger Tabelle etwa $1/340 = 41$ km, um welchen Betrag die Entfernungszahl zu klein oder zu groß sein würde, falls die Entfernungslinie Cairo—Melbourne genau der Meridianrichtung oder genau der Querrichtung folgte, anstatt zwischen beiden die Mitte zu halten, was sie, wie ein Blick auf die Fig. 41 zeigt, immerhin thut. Wollte man den Einfluß der Meridianrichtung und der Querrichtung wie in den obigen Beispielen genauer beziffern, so würde man zunächst als Abweichungswinkel für den Meridian von Cairo $62° 47' 58''$, für den Meridian von Melbourne $77° 1' 28''$ erhalten. Hieraus folgt aber nicht, daß als der mittlere Abweichungswinkel, wie in obigen Beispielen, das arithmetische Mittel zwischen beiden Beträgen anzusehen ist. Ein Blick auf das Gradnetz zeigt vielmehr, dafs die Abweichungswinkel der Meridiane zwischen Cairo und Melbourne von Cairo ab nicht stetig wachsen, sondern zunächst abnehmen, bis sie am Aequator ihren Mindestbetrag (etwa 50° 19′ 35″) erreichen und dann bis Melbourne zunehmen. Um diesen Umstand zu berücksichtigen, könnte man für das nördliche und südliche Stück der Entfernungslinie getrennte Berechnungen aufstellen, welche zunächst für das nördliche Stück von etwa 51,714 Grad bei einer mittleren Abweichung von etwa 57 Grad und einer mittleren Breite von 15 Grad

$$51{,}714 \cdot 110{,}721 = 5\,725{,}8 \text{ km},$$

für das südliche Stück von 73,876 Grad bei einer mittleren Abweichung von etwa 64 Grad und einer mittleren Breite von 19 Grad

$$73{,}876 \cdot 111{,}215 = 8\,216{,}1 \text{ km},$$

für beide zusammen aber 13 941,9 km betragen. —

Da die durch Abweichungswinkel näher zu bestimmende Gröfse bereits eng eingegrenzt ist durch die nur wenig von einander abweichenden Gradmafse der Meridian- und der Querrichtung, so wird man unter Vermeidung umständlicher Berechnung diesen Winkel meistens annähernd vom Globus entnehmen. Es genügt sogar — namentlich in hohen Breiten und bei Entfernungen bis 2 000 km — das Mafs der Meridianrichtung oder das der Querrichtung oder das Durchschnittsmafs ohne Weiteres anzuwenden, je nachdem die Entfernungslinie augenscheinlich eine ausgesprochene nordsüdliche oder ostwestliche oder mittlere Richtung verfolgt.

Denn es darf nicht aufser Acht gelassen werden, dafs die Genauigkeit aller so erlangten Rechnungsergebnisse sich an folgende Voraussetzungen knüpft:

1. dafs die geographische Länge und Breite derjenigen Punkte, um deren Entfernung es sich handelt, zuverlässig bestimmt worden sei;

2. dafs die Erde an allen Theilen wirklich diejenige regelmäfsige Ellipsoid-Gestalt habe, welche den Berechnungen zu Grunde liegt.

Die erste Voraussetzung trifft, wie schon oben bemerkt wurde, nur für europäische Orte in genügender Weise,

Fig. 41.

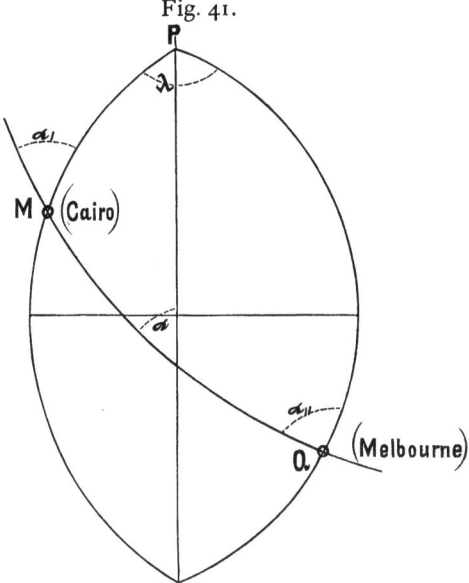

für aufsereuropäische Orte aber sehr mangelhaft zu.

Mit der zweiten Voraussetzung steht es noch mifslicher. Dafs von unbedingter Regelmäfsigkeit der Ellipsoid-Gestalt den Berg- und Thalbildungen der Erde gegenüber nicht die Rede sein kann, ist selbstverständlich. Aber der Grad der Regelmäfsigkeit, sowie die genauen Mafsverhältnisse der Erdform sind noch nicht einmal in Bezug auf Europa, geschweige denn für die übrigen Theile der Erde mit völliger Sicherheit festgestellt worden.

Wir wollen dies näher erörtern. Zunächst gründet sich die Annahme der Ellipsoid - Gestalt der Erde auf folgenden Wahrscheinlichkeitsschluß:

Da nach physikalischen Gesetzen, sowie nach angestellten Versuchen jeder Körper, welcher aus gleichartiger, nicht völlig starrer, sondern nachgiebiger Masse besteht, bei schneller Umdrehung eine ellipsoidische, an den Polen der Drehungsachse abgeplattete Form annimmt, so wird auch die Erde in Folge ihrer Drehung eine solche Gestalt erhalten haben.

Man wurde zu dieser Schlußfolge im vorigen Jahrhundert durch verschiedene Entfernungsmessungen veranlaßt, welche ergeben hatten, daß die Meridiangrade nicht an allen Theilen der Erde von gleicher Länge sind, wie es bei Voraussetzung der Kugelgestalt der Erde nothwendig der Fall sein müßte.

Besondere, in Folge dieser Wahrnehmung von der französischen Regierung veranlaßte Gradmessungen (in Peru 1735 bis 1744 durch Bouguer, La Condamine, Godin und Ulloa, — in Lappland 1736 bis 1737 durch Maupertius, Clairault, Camus, Lemonnier, Outhier und Celsius) führten zunächst zur Berechnung einer Erdabplattung von 1 : 310,3.

Seitdem fanden weitere Meridiangradmessungen statt: 1751 bis 1753 am Cap der guten Hoffnung, 1751 bis 1753 im Kirchenstaat, 1768 in Nordamerika, 1783 Anfang der englischen Gradmessung, 1790 erste Gradmessung in Ostindien, 1802 zweite Gradmessung in Ostindien, 1801 bis 1803 zweite lappländische Gradmessung, 1805 bis 1825 dritte Gradmessung in Ostindien, 1836 bis 1848 zweite Gradmessung am Cap der guten Hoffnung u. a.; eine der wichtigsten ist eine französische 1792 bis 1808 zur Feststellung des Meters. Auch eine Längengradmessung wurde 1811 bis 1825 längs des 45. Parallels von der Mündung der Gironde durch Frankreich über Turin und Mailand bis Fiume durch französische, österreichische und piemontesische Gelehrte und Offiziere ausgeführt.

Hätten alle diese Gradmessungen Uebereinstimmung gezeigt, so wäre es leicht gewesen, danach die Form der Meridianellipse festzustellen. Sie ergaben jedoch Widersprüche, und es hielt schwer, zu entscheiden, ob und inwieweit die Abweichungen durch Ungenauigkeiten der Instrumente und des Messungsverfahrens oder durch sonstige Fehlerquellen verursacht, oder ob sie theilweise auch den Unregelmäßigkeiten der Erdgestalt zuzuschreiben seien. Als ideale Erdgestalt, welche zu untersuchen war, nahm man die Oberfläche an, welche die Erde zeigen würde, wenn sie überall vom Wasser umgeben wäre, oder wenn die Meeresfläche sich unter dem Festlande fortsetzte. Für die Ausgleichung der Messungswidersprüche aber ersann man auf Grund der Wahrscheinlichkeitsrechnung eine Theorie, welche, später vervollkommnet, unter dem Namen »Methode der kleinsten Quadrate« bekannt geworden ist. Dieselbe beruht auf der Berechnung mittlerer Werthe, deren Abweichungen von den einzelnen Messungsergebnissen so beschaffen sind, daß die Summe der Quadrate sämmtlicher Abweichungen möglichst klein wird.

Es hat nun im Laufe dieses Jahrhunderts auf Grund der vorhandenen Gradmessungen eine ganze Reihe von Wahrscheinlichkeitsberechnungen sowohl in Bezug auf die Länge des Meridianquadranten, als auf die Abplattung der Erde stattgefunden; die Ergebnisse derselben sind hierunter zusammengestellt.

	Meridian-quadrant. m	Durchschnittl. Meridiangrad. m	Ab-plattung.
1806 von Delambre	10 000 000	111,111	1 : 334
1819 - Walbeck	10 000 268	111,114	1 : 302,8
1830 - Schmidt	10 000 075	111,112	1 : 297,5
1830 - Airy	10 000 976	111,122	1 : 299,3
1841 - Bessel	10 000 856	111,121	1 : 299,2
1856 - Clarke, 1. Berechnung	10 001 515	111,128	1 : 298,1
1863 - Pratt	10 001 924	111,133	1 : 295,3
1866 - Clarke, 2. Berechnung	10 001 887	111,132	1 : 295
1868 - Fischer	10 001 714	111,130	1 : 288,5
1872 - Listing	10 000 218	111,113	1 : 289
1880 - Clarke, 3. Berechnung	10 001 869	111,132	1 : 293,5.

Am meisten verbreitet sind in Deutschland noch immer die Ergebnisse der Bessel'schen Berechnung, und wir haben dieselben auch bei unseren Untersuchungen zu Grunde gelegt. Sie bilden etwa den mittleren Durchschnitt der obigen Reihe.

Wie Generallieutenant Dr. Baeyer im geographischen Jahrbuch für 1866 berichtet, fing Bessel, als er im Jahre 1836 die Berechnung seiner Gradmessung in Ostpreußen beendet und den Plan gefaßt hatte, mit Hinzuziehung seiner eigenen und der neueren Messungen die Dimensionen der Erde neu zu bestimmen, seine Untersuchung mit einer kritischen Prüfung der älteren Gradmessungen an und entschied sich im Jahre 1837, folgende zehn Gradmessungen zu benutzen, welche zu verschiedenen Zeiten, in verschiedenen Ländern und unter verschiedenen Längen- und Breitengraden stattgefunden haben und 50,57 gemessene Grade des Meridianquadranten umfassen.

Die älteste ist die bereits oben erwähnte Gradmessung in Peru, etwa vom 3. Grade südlicher Breite bis zum Aequator sich erstreckend. Sodann wurden benutzt die ersten beiden ostindischen Gradmessungen vom 8. bis 24. Grad nördlicher Breite, die französische vom 38. bis 51. Grad (von Formentera über Barcelona bis Dünkirchen), die englische vom 50.

bis 53. Grad, die hannoversche, 1821 bis 1824 von Gauß ausgeführte, vom 51. bis 53. Grad (Göttingen bis Altona), die dänische vom 53. bis 55. Grad, die preußische, 1831 bis 1834 von Bessel und Baeyer ausgeführte, vom 54. bis 56. Grad (Trunz über Königsberg bis Memel), die russische, 1816 bis 1827 von Struve und Tenner, vom 52. bis 60. Grad, die schwedische von 65. bis 67. Grad.

Auf Grund dieser Gradmessungen erhielt Bessel das oben vermerkte Ergebniß, von welchem die früheren sowie die späteren Berechnungen der übrigen Forscher bezüglich der Meridianlänge um höchstens $1/10000$, bezüglich des Abplattungsverhältnisses um höchstens $1/3000$ abweichen.

In den späteren Berechnungen ist meistens die ostindische Gradmessung unberücksichtigt gelassen worden, weil angenommen wurde, daß ihr Ergebniß unter dem Einfluß der starken Lothablenkungen des Himalayagebirges nicht zuverlässig sei.

Seit 1841 sind wichtige neue Gradmessungen hinzugekommen. Es hat eine Messung am Cap der guten Hoffnung von dem englischen Astronomen Maclear stattgefunden. Der ostindische sowie der englische und der große russische Meridianbogen sind erweitert worden; letzterer ist gemessen worden nördlich bis zur norwegischen Grenze, südlich bis zur Donau (Ismail).

Ferner wurde eine grofse europäische Längen-Gradmessung im Jahre 1857 von dem russischen Astronomen Struve vorgeschlagen und von den Regierungen der betreffenden Länder (Rufsland, Preufsen, Belgien, Frankreich und England) genehmigt. Die Messung umfafst eine Strecke von 69 Graden unter dem 52. Parallel. Dieselbe dehnt sich von Orsk am Ural bis nach Valentia an der Westküste von Irland aus und berührt die Telegraphenstationen Orenburg, Samara, Saratow, Lipetzk, Orel, Bobruisk, Grodno, Warschau, Breslau, Leipzig, Bonn, Newport, Greenwich und Haverfordwest, welche ausgewählt wurden, um zwischen ihnen die Längenbestimmung auf telegraphischem Wege auszuführen.

Endlich wurde im Jahre 1861 von der preufsischen Regierung nach einem Entwurf des Generallieutenants Dr. Baeyer eine mitteleuropäische, später schlechtweg europäische Gradmessung in Vorschlag gebracht. Durch Verbindung von Längen- und Breitengradmessungen, an denen alle europäischen Staaten nach einheitlichen Grundsätzen sich betheiligen, soll als Endziel die vollständige Bestimmung der wahren Krümmungsverhältnisse eines beträchtlichen Theiles Europas mit allen besonderen localen Abweichungen von der regelmäfsigen Figur und die Ermitelung der Ursachen dieser Abweichungen erstrebt werden. Der Entwurf, welcher den Flächenraum zwischen den Parallelen von Christiania und Palermo und den Meridianen von Bonn und Königsberg umfafst, wurde später im Osten bis Warschau, im Westen bis Brüssel ausgedehnt und erstreckt sich etwa auf den 3. Theil des Flächeninhalts von Europa oder den 175. Theil der ganzen Erdoberfläche. Eine permanente Commission, welche zusammen-gesetzt ist aus den bedeutendsten Astronomen und Geodäten aller Länder, hat die Leitung der europäischen Gradmessung und versammelt sich alljährlich. Das Centralbüreau in Berlin wurde fast ein Menschenalter lang von dem Begründer, dem General Dr. Baeyer, geleitet, bis derselbe vor Kurzem in seinem 96. Lebensjahre starb.

Wenn durch die letztgedachten beiden Unternehmungen, welche gegenwärtig die gröfsten auf dem Gebiete der Gradmessung sind, nach und nach eine zuverlässige Grundlage auch für die genaue Bestimmung gröfserer Entfernungen innerhalb Europas gewonnen werden wird, so können daraus sichere Schlüsse für die Mafsverhältnisse der übrigen Theile der Erde doch nicht gezogen werden. In Betreff der letzteren ist zu berücksichtigen, dafs aufserhalb Europas verhältnifsmäfsig nur wenige Gradmessungen, und zwar der Natur der Sache nach nur auf dem Festlande stattgefunden haben. Da aber die Anziehungskraft der schweren Erd- und Gebirgsmassen der Continente die Wassermassen der Oceane an den Küsten emporzieht, so sind an den Küsten der continentalen Seiten der Erde Ausbiegungen, auf den oceanischen Seiten Einbiegungen der Wasseroberfläche zu vermuthen, welche die Regelmäfsigkeit des Erdellipsoids sehr in Frage stellen.

Prof. Dr. Zöppritz nimmt nun an, dafs die Erde der Gestalt eines Rotationsellipsoids so nahe komme, dafs das Verhältnifs zwischen der Abweichung (d. h. der Differenz des zum wirklichen Meeresniveau gezogenen Erdradius und des zum entsprechenden Punkte des Ellipsoids gezogenen) und dem Erdradius selbst den Werth von $1/5000$ wahrscheinlich an keiner Stelle der Erdoberfläche überschreitet (Geographisches Jahrbuch für 1880). Ist dies wirklich der Fall, so würden die oben angegebenen Mafse für die

Längen- und Breitengrade an keiner
Stelle der Erdoberfläche eine erheb-
liche, für Entfernungszwecke in Betracht kommende Aenderung erfahren,
und es wäre auch ziemlich gleich-
gültig, ob man das Bessel'sche Meri-
dianmaſs vom Jahre 1841, oder das
um $1/10000$ gröſsere nach der Berechnung von Clarke aus dem Jahre 1880
zu Grunde legt, welches letztere mit
den neuesten, von C. S. Peirce zu
Hoboken, Paris, Berlin und Kew ausgeführten Pendelmessungen sehr
gut übereinstimmen soll.

Mit den Pendelmessungen hat es
folgende Bewandtniſs. Bekanntlich
hängt die Schnelligkeit der Pendel-
schwingungen von der Länge des
Pendels und von der an den verschiedenen Punkten der Erde verschiedenen
Schwerkraft ab. Letztere ist am stärksten an den Polen, am schwächsten
am Aequator, und zwar aus zwei Ursachen. Sie wird beeinfluſst erstens
durch die ihr entgegenwirkende Flieh-
kraft des Erdumschwungs, zweitens
durch die gröſsere oder geringere Entfernung vom Erdmittelpunkt (eigentlich Erdschwerpunkt).

Werden Pendel von gleicher Länge
an verschiedenen Punkten der Erde in
Schwingung gesetzt, so läſst sich aus
der gröſseren oder geringeren Schnelligkeit der Schwingungen schlieſsen einerseits auf die Entfernung des betreffenden Punktes von der Drehungsachse, andererseits aber auch auf
die Entfernung vom Erdmittelpunkt.
Die aufgestellten bezüglichen Berech-
nungsformeln gehen meistens darauf
aus, die Länge zu ermitteln, welche
man den Pendeln an verschiedenen
Stellen der Erde geben müſste, um
gleiche Geschwindigkeit — e i n e
Schwingung in jeder Secunde — zu
erzielen. Von einer stattlichen Reihe
von Gelehrten, wie Sabine, Foster,
Schmidt, Airy, Bowditch, Baily, Bore-
nius, Pouillet, Fischer u. a. sind nun

über die Länge des Secundenpendels
Wahrscheinlichkcitsberechnungen angestellt worden, deren jede sich auf eine
gewisse Anzahl (13 bis 79) Pendelmessungen gründet, die an verschiedenen Punkten der Erde stattgefunden
haben. Die Ergebnisse der Berechnungen schwanken zwischen 990,989 mm
und 991,277 mm Länge für ein
Secundenpendel am Aequator und
996,123 mm bz. 996,419 mm an den
Polen; sie lassen also einen Spielraum
von nahezu 0,3 mm. Da aber der
ganze Längenzuwachs des Pendels für
die 90 Breitengrade vom Aequator bis
zum Pol nur 5,14 mm beträgt, so entsprechen 0,3 mm schon einem Breitenunterschiede von durchschnittlich 5
Graden.

Die bis jetzt auf diesem Gebiete
vorliegenden Erfahrungen geben mithin, wenn sie auch die Abplattung der
Erde an den Polen bestätigen, doch
noch keinen Aufschluſs darüber, ob
das Wasserniveau der oceanischen
Seiten des Erdkörpers, wie mehrfach
angenommen wird, dem Erdschwerpunkt beträchtlich näher liege, als das
Wasserniveau in der Nähe der Continente. Bei dem Mangel an sicheren
Feststellungen der Maſsverhältnisse für
die oceanischen Erdseiten hat auch die
von einem russischen Astronomen ausgesprochene Vermuthung, daſs die
Erde möglicherweise als ein drei-
achsiges Ellipsoid zu betrachten sei,
das nicht nur am Nordpol und Südpol, sondern auch an den Enden der
kurzen Querachse abgeplattet sei, weder
bewiesen noch genügend widerlegt
werden können.

Einen weiteren Fingerzeig, wie viel
noch an dem äuſseren Verhältniſs unseres Erdballs zu erforschen übrig
sei, giebt die auf dem letzten geodätischen Congreſs in Rom aufge-
worfene Frage, ob die Drehungsachse
der Erde und mit ihr die Pole im
Laufe der Zeit nicht gegen die Ober-

fläche ihre Stellung so merklich ändern können, dafs dadurch die Feststellung der geographischen Breite beeinflufst werde. Dieser Frage liegt die Voraussetzung zu Grunde, dafs die Erde im Innern flüssig und mithin eine Verschiebung ihrer Massen möglich sei. Um diese wichtige Frage, für deren Beantwortung das Material fehlt, zu lösen, hat der italienische Astronom Fergola vorgeschlagen, von 30 zu 30 Jahren auf gewissen correspondirenden Sternwarten, die auf demselben Parallel möglichst weit von einander liegen, genaue Breitenfeststellungen mit Benutzung derselben Sterne anzustellen. Solche zusammengehörige Orte wären:

1. Cap der guten Hoffnung—Sydney, Breitenunterschied 4′ 22″, Längenunterschied 8 St. 51 Min.;
2. Santjago — Windsor (Australien), Breitenunterschied 9′ 47″, Längenunterschied 9 St. 14 Min.;
3. Rom—Chicago, Breitenunterschied 3′ 53″, Längenunterschied 6 St. 40 Min.;
4. Neapel — New York (Columb.), Breitenunterschied 6′ 22″, Längenunterschied 5 St. 53 Min;
5. Lissabon — Washington, Breitenunterschied 11′ 7″, Längenunterschied 4 St. 31 Min.

Man wird bei solcher Sachlage von der genauen Entfernungsberechnung wenigstens für grofse überseeische Strecken einstweilen absehen und warten müssen, bis in Zukunft durch zahlreiche astronomische Ortsbestimmungen in Verbindung mit Pendelmessungen genügendes Material zur Bestimmung der Erdform angesammelt sein wird.

Für jetzt möchte es gerathen erscheinen, directe überseeische Entfernungen schlechthin nach Graden und Gradbruchtheilen oder, was dasselbe ist, nach Seemeilen (1 Seemeile = $^{1}/_{60}$ Grad) oder nach geographischen Meilen (1 geographische Meile = $^{1}/_{15}$ Grad) zu bestimmen. Will man aber die Umrechnung in Kilometer nach einer der oben angegebenen Methoden vornehmen, so möge man, falls für die Lage beider Orte nicht aufser den Karten zuverlässige astronomische Ortsbestimmungen aus neuester Zeit vorliegen, dem Ergebnisse keine gröfsere Genauigkeit beimessen, als innerhalb einer Fehlergrenze von etwa $^{1}/_{100}$ liegt. Von den Marinebehörden der europäischen Grofsstaaten wird die Seemeile, welche früher gleich $^{1}/_{60}$ des Aequatorgrades, also gleich 1,8551 km gerechnet wurde, seit geraumer Zeit mit Rücksicht darauf, dafs die Länge des Aequators keine direct gemessene, sondern erst aus der Länge des Meridianquadranten abgeleitete Gröfse ist, auf $^{1}/_{5400}$ des Meridianquadranten oder $^{1}/_{60}$ des durchschnittlichen Meridiangrades angenommen. Hiernach würden sich auf eine Seemeile unter Zugrundelegung der Bessel'schen Meridianberechnung 1,8520 km, der Clarke'schen 1,8522 km ergeben.

Für die Berechnung von Entfernungen innerhalb Europas wird — im Hinblick auf den mächtigen Aufschwung der Geodäsie in den letzten Jahrzehnten — vielleicht eine Fehlergrenze von $^{1}/_{500}$ anzunehmen sein, vorausgesetzt, dafs die geographische Länge und Breite der betreffenden Orte entweder direct aus Veröffentlichungen astronomischer Messungsergebnisse oder noch besser in Anlehnung an letztere aus zuverlässigen Specialkarten entnommen werden. Es genügen hierbei Längen- und Breitenangaben bis auf Zehntel-Minuten (nach Aequatormafs ist $^{1}/_{10}$ Minute = 0,185 km) und Karten im Mafsstab von wenigstens 1 : 500000 (auf denen 1 mm also die Bedeutung von 0,5 km hat). Insbesondere bei kürzeren Entfernungen sind diejenigen Längen- und Breitenangaben vorzuziehen, welche auf der Grundlage der astronomischen Festlegung eines Anfangspunktes lediglich aus Dreiecksmessungen hervorgegangen sind; denn die einzelnen astronomischen Ortsbestimmungen können in Folge der schon erwähnten localen Ablenkungen der Lothrichtungen um starke Bruchtheile eines Kilometers unrichtig werden.

Die Fehlergrenze für europäische Entfernungsberechnungen, welche wir auf $^1/_{500}$ abgeschätzt haben, wurde vor 50 Jahren noch auf mehr als das Doppelte veranschlagt. Der Astronom Littrow, welcher auch in Laienkreisen durch sein zuerst 1837 in Stuttgart erschienenes Buch »Die Wunder des gestirnten Himmels oder gemeinfafsliche Darstellung des Weltsystems« bekannt geworden ist, sagt darin auf S. 786:

»Wenn wir bedenken, dafs wir die Entfernungen der meisten Städte Europas schwerlich bis auf ihren 233. Theil, die der aufsereuropäischen aber noch lange nicht so genau kennen, so wird uns die Ungewifsheit in Betreff der Entfernung zwischen Erde und Sonne nicht mehr so ungeheuerlich erscheinen.« (Die Fehlergrenze in Bezug auf letztere giebt er nämlich auf 52 Erddurchmesser oder 89 147 Meilen, d. i. $^1/_{233}$ der ganzen Entfernung von 20 Millionen Meilen an.)

Werden grofse Entfernungen nicht berechnet, sondern auf der Karte gemessen, so können, wie wir oben gesehen, die Fehler noch eine weit beträchtlichere Höhe erreichen, sobald das Gradnetz der benutzten Karte einen gröfseren Theil der Erde umfafst. Messungen directer Entfernungen würde man auf Karten von Deutschland, Frankreich, Italien, Spanien u. s. w. noch mit genügender Sicherheit vornehmen und dabei, wenn es bei dem Messungsergebnifs auf 5 km mehr oder weniger nicht ankommt, auch Karten geringeren Mafsstabes verwenden können, wenn dieselben nur sorgfältig nach

besonders für sie construirten Gradnetzen gezeichnet und nicht etwa aus einer gröfseren Karte von Europa u. s. w. herausgeschnitten oder abgezeichnet sind, wie es von Unkundigen zuweilen der Bequemlichkeit halber wohl geschieht. Immerhin würde für genauere Ermittelungen die Berechnung der Messung vorzuziehen sein, da man nicht mit Sicherheit feststellen kann, ob und in welcher Weise etwa das Papier der Karte sich gedehnt und verzogen hat, zumal wenn letztere aus mehreren Blättern zusammengesetzt ist.

––––––

Häufiger als die Frage nach der directen Entfernung tritt im praktischen Leben das Bedürfnifs auf, die wirkliche Länge einer Wege- oder Eisenbahnstrecke, eines schiffbaren Stromes oder eines Dampfschiffkurses auf offener See zu ermitteln.

Diese Ermittelung ist ohne besondere Schwierigkeiten und ziemlich genau — mindestens bis auf Zehntelkilometer — auszuführen, wenn man dazu Karten von nicht geringerem Mafsstab als etwa 1 : 100 000 benutzen kann, auf denen also eine Strecke von 1 cm die Bedeutung eines Kilometers hat. Mittels Karten von halb so grofsem Mafsstab erlangt man auch nur die halbe Genauigkeit. Ist der Mafsstab noch geringer, so kann es vorkommen, dafs in gebirgigen Gegenden u. s. w., wo die Wege, um nicht zu steil anzusteigen, in vielen Krümmungen geführt werden, kurze Wegekrümmungen (von 50 m Halbmesser und weniger) auf der Karte nicht mehr zum Ausdruck gelangen, das Messungsergebnifs also zu niedrig ausfällt, und das um so mehr, je öfter sich solche Krümmungen wiederholen. (Die geringsten Krümmungshalbmesser der Strafsenachse pflegen bei Staatsstrafsen 30 bis 50 m, bei Hauptverbindungsstrafsen 15 m zu betragen.)

Bei der Entfernungsberechnung würde, streng genommen, auch noch das Steigungsverhältnifs des Weges zu berücksichtigen sein; der Einflufs desselben ist aber zu geringfügig, da stärkere Steigungen als 5 pCt. auf fahrbaren Strafsen kaum vorkommen, diese aber nur eine Verlängerung um $\frac{1}{800}$ der davon betroffenen, meistens kurzen Strecken in sich schliefsen (nämlich $\sqrt{1 + (0{,}05)^2}) = 1{,}001\,25$.

Bei Messungen von Ort zu Ort fällt auch ins Gewicht, von bz. bis zu welchem Punkte eines Ortes man mifst. Der Regel nach soll der »Ortsmittelpunkt« mafsgebend sein — namentlich auch wenn man bei Uebertragungen aus Specialkarten in Karten kleineren Mafsstabes den Ort nicht nach seinen wirklichen Umrissen, sondern, wie es üblich ist, als Kreis einzeichnet. Die Bestimmung des Ortsmittelpunktes verursacht aber bei Orten, die unregelmäfsige Grenzen haben oder sich längs der Windungen eines schmalen Thales erstrecken, mancherlei Schwierigkeiten, und man kann letztere nicht durch Aufstellung eines für alle Fälle gültigen Grundsatzes heben.

Mit genügender Schärfe liefse sich ja der Ortsmittelpunkt (als mathematischer Schwerpunkt) in ziemlich einfacher Weise feststellen, indem man die Abbildung der mit Häusern bebauten Fläche des Ortes aus einer Karte von grofsem Mafsstabe (etwa 1 : 25 000) auf eine gleichmäfsig starke Papp- oder Holztafel übertrüge, sie dann nach ihrem Umrifs genau ausschnitte und den Gleichgewichtspunkt der so erhaltenen Holz- oder Pappfigur auf die bekannte Art ermittelte. Man hängt nämlich die Figur an einem Faden auf und zeichnet die Verlängerungslinie des Fadens auf die herabhängende Figur; dies Verfahren wiederholt man, indem man den Faden an einem anderen Punkte des Umrisses der Figur befestigt. Wo beide Verlängerungslinien sich treffen, liegt der Schwerpunkt der Figur.

Hierbei kann jedoch, wenn die Längsachse der Figur einen Bogen bildet, es vorkommen, dafs der Schwerpunkt aufserhalb der Figur, d. i. aufserhalb des Ortes fällt und somit als Messungspunkt für Entfernungen nicht in Betracht kommt.

Auch wird bei Orten, die aus einzelnen weit von einander entfernt liegenden Häusern und den sie umgebenden Acker- und Wiesenflächen bestehen, wie in Westfalen u. s. w., diese Ermittelungsweise unanwendbar sein, wenn man nicht in die Abbildung jene Acker- und Wiesenflächen mit aufnehmen will, die dann für die Bestimmung des Mittelpunktes den Ausschlag geben würden.

Ziehen sich durch einen Ort Chausseen u. s. w., so wird es vielfach zweckmäfsig erscheinen, nicht zu streng bei der Bestimmung des Ortsmittelpunktes — oder richtiger des Ortshauptpunktes — zu verfahren, sondern denselben in die Chaussee, wenn thunlich, in den Kreuzungspunkt mehrerer Chausseen u. s. w. zu verlegen.

In anderen Fällen wird je nach dem Zwecke der Karte der Kirchthurm, das Rathhaus, das Posthaus u. s. w. als der geeignetste Punkt erscheinen. (In Berlin war in früherer Zeit die Säule auf dem Dönhofsplatz, jetzt ist der Rathhausthurm derjenige Punkt, auf welchen die Wegeentfernungen nach anderen Orten zurückgeführt werden, wenn man nicht für gewisse Zwecke vorzieht, die Entfernungen von einem weiter nach aufsen gelegenen Punkte ab zu messen.)

Es geht hieraus hervor, dafs bei der Bestimmung des Ortsmittelpunktes eine gewisse Willkür kaum zu vermeiden sein wird, die bei kleinen Entfernungen leicht das Messungsergebnifs beeinflussen kann.

Eine weitere Beeinflussung ergiebt sich, wenn man auf Karten geringeren Mafsstabes mifst, auf denen gewisse Verkehrslinien (Eisenbahnen, Strafsen u. s. w.) behufs Hervorhebung zu gewissen Zwecken in mafsstabwidriger Weise verstärkt worden sind. Hier wird das Messungsergebnifs um so mehr beeinträchtigt, wenn, wie es bei Eisenbahnen häufig vorkommt, mehrere solcher verstärkten Linien dicht neben einander laufen und dadurch ihrer Umgebung den Raum entziehen. Hat jede Linie nur 1 mm Breite, so bedeutet dies doch bei einem Mafsstabe von 1 : 1 Million schon 1 km, bei kleinerem Mafsstabe entsprechend mehr.

Um Wegemessungen auf Landkarten möglichst schnell auszuführen, bedient man sich wohl eines Mefsrädchens, dessen Achse mit einem Schraubengewinde versehen ist. Man läuft mittels des Rädchens den zu messenden Weg mit all seinen Krümmungen ab und ersieht entweder aus der Zahl der zurückgelegten Schraubenwindungen oder aus dem mit dem Rade in umgekehrter Richtung zu durchlaufenden Kartenmafsstabe oder auch auf einem mit dem Mefsrädchen verbundenen Zifferblatt die Länge der zurückgelegten Strecke.

Enthält die zu messende Linie ganz kleine Krümmungen, denen das Mefsrädchen nicht zu folgen vermag, so gelangt man genauer und bei einiger Uebung fast ebenso schnell mittels des Zirkels zum Ziele, indem man — unter allmählicher Erweiterung der Zirkelöffnung von Krümmungspunkt zu Krümmungspunkt fortschreitend und die Stellung des Zirkels jeder neuen Wegerichtung anpassend — nach und nach die ganze Länge des Weges in den Zirkel aufnimmt und dieselbe schliefslich am Kartenmafsstabe nach Kilometern mifst.

Die sonst wohl übliche Weise zu messen, indem man ein kleines Stück des Mafsstabes — etwa 1 km oder $\frac{1}{2}$ km — in den Zirkel nimmt und damit die zu messende Linie abschreitet, ist weniger zu empfehlen, weil die Zirkelöffnung selten völlig genau dem Mafsstabe angepafst werden kann, der kleinste, hierbei vorkommende Fehler aber, indem er bei jedem Zirkelschritt sich wiederholt, zu immerhin erheblicher Gröfse anwächst. Aufserdem lassen sich kleine Krümmungen des Weges nicht genügend berücksichtigen.

Hat man für sehr grofse Wegestrecken die Entfernungen zu ermitteln, so erweisen sich Karten von kleinerem Mafsstabe bequemer, falls auf denselben die Entfernungen in Zahlen angegeben sind. Als noch die Meile den Entfernungsmafsstab bildete, begnügte man sich bei der Entfernungsangabe mit einer Genauigkeit bis auf Viertelmeilen. Die Genauigkeit steigerte sich mit Einführung des Kilometermafsstabes fast auf das Doppelte, und in neuester Zeit beinahe auf das Zwanzigfache, seitdem in gröfseren Uebersichtskarten die Entfernungen bis auf Zehntelkilometer angegeben zu werden pflegen. Hiermit ist aber für praktische Zwecke wohl die äufserste Grenze erreicht worden. Denn alle obigen Darlegungen lassen erkennen, dafs die Angaben auf Zehntelkilometer, wenn auch für Eisenbahn- und Chausseestrecken noch zutreffend, im Ganzen doch illusorisch sind. Bei den am meisten in Betracht kommenden Entfernungen auf Eisenbahnen würden für gröfsere Strecken Entfernungsermittelungen aus Landkarten immer noch viel zu mühsam und zeitraubend sein. Hier gelangt man schneller und sicherer zum Ziele mittels der Kursbücher — leider nicht mittels aller. In dem weitverbreiteten englischen Kursbuch von Bradshaw haben die Entfernungsangaben bei weiterer Entwickelung des

Eisenbahnnetzes von Jahr zu Jahr mehr der Rücksicht auf den Raum weichen müssen und sind jetzt nur noch in wenigen Fällen vorhanden. Man scheint der Entfernungsangaben in England weniger zu bedürfen als in Deutschland.

Die Genauigkeit, mit welcher sich Entfernungen auf Landstrafsen und namentlich auf Eisenbahnen ermitteln und angeben lassen, wird selbstverständlich bei Dampfschiffkursen auf offener See bei weitem nicht erreicht. Da hier wiederholte Fahrten zwischen denselben Orten selten unter genauer Innehaltung desselben Kurses stattfinden können, so wird man sich in der Regel mit einer Durchschnittsentfernung zu begnügen haben. Hierzu kommt, dafs die Logleine, mittels welcher die von den Dampfern zurückgelegten Strecken gemessen werden, ein ziemlich unsicheres Werkzeug ist. Vielleicht wird das neuerdings von dem Schweden Hult hergestellte hydroärostatische Log sich zuverlässiger erweisen und möglicherweise auch dem Einflusse der verschiedenen Meeresströmungen Rechnung zu tragen im Stande sein. Es beruht auf dem durch die Fortbewegung des Schiffes hervorgerufenen Druck, welchen das gegen die Fahrtrichtung sich anstauende Wasser ausübt, und der gemessen wird, indem man unterhalb des Schiffskiels, der Fahrtrichtung entgegen, ein Rohr anbringt, welches in einen mit Manometer versehenen Windkessel mündet.

Derartige Entfernungen möchten indefs am sichersten festzustellen sein, indem man die Hauptpunkte des Dampfschiffkurses nach ihrer geographischen Länge und Breite so genau als thunlich bestimmt und die directen Entfernungen von Punkt zu Punkt nach den oben angegebenen Methoden berechnet.

Unter Umständen am schwierigsten zu beantworten ist die sehr häufig gestellte Frage: Welches ist die kürzeste Strafsenverbindung zwischen zwei bestimmten Orten?

Handelt es sich dabei nur um mäfsig grofse Entfernungen, so ist die Antwort durch Vergleichung der verschiedenen, beide Orte verbindenden Strafsenzüge auf der Landkarte in ziemlich einfacher Weise zu erlangen. Sind aber beide Orte weit von einander entfernt, so setzen sich die Strafsenverbindungen aus vielen Theilstücken zusammen, und es ergiebt sich für die Art und Weise der Zusammensetzung eine so grofse Anzahl von Combinationen, dafs dieselben nicht mehr mit Sicherheit übersehen werden können. Um die Aufgabe zu vereinfachen, pflegt man die betreffenden beiden Orte durch eine gerade Linie auf der Karte zu verbinden und für die von der Linie getroffenen Zwischenorte von Punkt zu Punkt die kürzesten Wegeverbindungen zu ermitteln. Dies Verfahren erweist sich aber als trügerisch, da erfahrungsmäfsig durch dazwischen liegende Gebirge und Ströme u. s. w. die kürzeste Verbindungslinie zwischen beiden Endpunkten oft weit von der directen Verbindungslinie abgedrängt wird und einen Weg einschlägt, welchen Niemand vermuthet, und der zuweilen später durch Zufall entdeckt wird, nachdem Jahre lang ein anderer Verbindungsweg für den kürzesten gegolten hat. Hier können auch die besten Landkarten nicht helfen; und je mehr Wege eine Karte enthält, desto schwieriger wird die Aufgabe, und es läfst sich nicht entscheiden, ob die nach langer Mühe schliefslich gefundene Verbindung wirklich die kürzeste zwischen den betreffenden Orten ist; sie mufs so lange dafür gelten, bis ein glücklicher Zufall eine noch günstigere Combination ans Licht bringt.

Leichter gelangt man zum Ziel, wenn ausschliefslich Eisenbahnverbindungen in Betracht kommen, weil hier die Theilstrecken in geringerer Zahl vorhanden sind und die Längen derselben nicht mühsam aus kleinen Einzelentfernungen zusammengelesen, sondern in fertigen Summen oft von mehreren Hundert Kilometern aus den Kursbüchern entnommen werden können.

Da die Eisenbahnnetze der cultivirten Länder sich von Jahr zu Jahr verdichten, so läfst sich erwarten, dafs die Frage nach dem kürzesten Landwege, welche aus den einfachen Verkehrsverhältnissen der eisenbahnlosen Vorzeit stammt, künftig einmal von der Tagesordnung verschwinden und den praktischeren Fragen Platz machen wird: Auf welchem Wege erreicht man am schnellsten — oder auch am wohlfeilsten sein Ziel? Hierauf Antwort zu geben, ist jedoch mehr Sache der Kursbücher als der Landkarten.

Sind Aufnahme, Construction und Zeichnung der Landkarten als die wichtigsten Verrichtungen zur Erzeugung eines getreuen Kartenbildes in eingehender Weise von uns behandelt worden, so wollen wir jetzt noch der Vervielfältigung, ohne welche eine gemeinnützige Verwerthung der Landkarte nicht stattfinden kann, einige Worte widmen.

Die üblichen Vervielfältigungsarten liefen früher auf die beiden Gegensätze des Steindruckes und des Kupferdruckes hinaus. Sie thun dies im Wesentlichen auch heute noch, wenn auch die Verwerthung der Photographie, durch welche die Karten rasch und genau verkleinert und vergröfsert werden, für die Herstellung der Zeichnung auf Stein und Kupfer ganz neue Methoden geschaffen hat.

Durch die Photographie werden seit dem Jahre 1865 Zeichnungen fettig auf Stein oder Zink übertragen. Dies Verfahren (Photolithographie — Photozinkographie) empfiehlt sich für Karten und Pläne, welche nur dem augenblicklichen Bedürfnisse genügen und keinen gröfseren Aenderungen unterworfen werden sollen. Das »Buch von .der Weltpost« enthält (S. 358) zwei derartige in der Reichsdruckerei zu Berlin hergestellte Kartenbeilagen.

Die Photographie in Verbindung mit dem Kupferdruck ersetzt als »Heliogravure« den Kupferstich. Das Verfahren wurde 1869 durch Mariot im k. k. militairisch-geographischen Institut zu Wien eingeführt, als an diese Staatsanstalt die schwierige Aufgabe trat, die auf der Neuaufnahme der österreichischen Monarchie basirte neue Specialkarte von Oesterreich-Ungarn im Mafsstabe 1 : 75 000 (etwa 720 Blatt) binnen der kurzen Frist von 15 Jahren herzustellen. Neuerdings ist dies Verfahren so vervollkommnet, dafs man nicht nur Strichzeichnungen, sondern auch Zeichnungen in Kohle, Tuschlavirungen, ja sogar Naturaufnahmen bis zu einem bestimmten Grade wiederzugeben im Stande ist, wie die ebenfalls von der hiesigen Reichsdruckerei hergestellte schöne Abbildung der Statue des Merkur bei S. 37 des Buches von der Weltpost zeigt.

Wie die Landkartenvervielfältigung durch dies Verfahren gefördert wird, ist daraus zu entnehmen, dafs mit Hülfe der Heliogravure seit 1872 von dem militairisch-geographischen Institut zu Wien die Generalkarte von Central-Europa 1 : 300 000 mit 380 Platten, die Militairmarschroutenkarte 1 : 300 000 mit 72 Platten, der Wiener Umgebungsplan 1 : 25 000 mit 40 Platten, von der neuen Specialkarte der Monarchie 1 : 75 000 etwa 618 Platten, also seit den 13 Jahren des Bestehens der Heliogravure etwa 2 362 Kupferdruckplatten hergestellt worden sind.

In Fällen, wo weniger scharfe Zeichnung genügt, hat man die Heliogravure durch die wohlfeilere Tiefätzung in Zinkplatten, die dann galvanisch verkupfert werden, zu ersetzen gesucht (Photochemigraphie).

Selbst einen Ersatz für den Holzschnitt oder Schriftgutschnitt hat die Photographie geliefert, nämlich die Hochätzung in Zink und Vervielfältigung der so hergestellten erhabenen Zeichnung mittels der Buchdruckerpresse. Eine derartige Landkartenerzeugung ist dann zu empfehlen, wenn es weniger auf Schönheit und Schärfe als auf Schnelligkeit und Wohlfeilheit der Vervielfältigung ankommt. Feine Linien und Schraffirungen gehen dabei leicht verloren, alles Andere wird stärker, derber im Ausdruck, und nachträgliche Berichtigungen der Druckplatten sind schwer ausführbar.

Ausführliche technische Erläuterungen für die verschiedenen durch die Photographie vermittelten Vervielfältigungsverfahren findet man in dem Buche »Technik der Reproduction von Militairkarten und Plänen u. s. w. von Ottomar Volkmar, k. k. Oberstlieutenant der Artillerie; Wien 1885, Hartlebens Verlag«, dem die vorstehenden Angaben über diesen Gegenstand größtentheils entnommen sind.

Von allen Vervielfältigungsverfahren ist der Kupferdruck in Bezug auf Feinheit der Linien und Eleganz der Ausführung das Vollkommenste zu leisten im Stande, mögen die Zeichnungen auf den Kupferplatten von geschickter Hand gestochen oder durch Heliogravure hergestellt sein. Er ist, deshalb vorzugsweise da am Platze, wo es gilt, auf verhältnißmäßig kleinem Raume eine Fülle von Einzelheiten klar und deutlich wiederzugeben. Zeugniß hiervon legen ab die neuen preußsi-

schen, sächsischen, bayerischen, württembergischen u. s. w. und österreichischen Generalstabskarten, der Handatlas sowie der Schulatlas von Stieler, der kleine, wohlfeile Taschenatlas von Justus Perthes u. a. m.

Das Verdienst, mittels der feingekörnten geschmeidigen Kupferplatte die genaue, saubere und elegante Wiedergabe der Karte zu bewirken, gebührt natürlich in erster Reihe dem Künstler, durch dessen Hand die Zeichnung und namentlich auch die Schrift der Karte geschaffen werden. Welche eigenthümliche und schwierige Rolle gerade die Schrift auf der Karte spielt, hat Petermann in den »Geographischen Mittheilungen« in einem geistreichen Aufsatz erörtert. Er vergleicht darin die Landkarte mit einem Gemälde oder einer photographischen Abbildung und sagt:

»Man lasse den Maler in seinem Landschaftsbild alle dargestellten Objecte mit einer Masse von Namen, grofs und klein, anfüllen, den Photographen sein wohlgelungenes Portrait mit allen Namen der Anatomie des menschlichen Kopfes bis auf die kleinste Arterie beschreiben, und man würde finden, daß des Malers Landschaftsbild und des Photographen Portrait im höchsten Grade gestört, entstellt, verunstaltet und gar nicht mehr erkennbar sein würde. Wären die betreffenden Namen in einer geschmacklosen Schrift, so würde man auch noch diese technische Geschmacklosigkeit mit in den Kauf nehmen müssen. Mit dieser Schwierigkeit hat der Kartenzeichner zu thun. Es mag ihm ein noch so treffliches Bild von einem Lande gelungen sein, er darf ja keine blofs »stumme« Karte geben, wie der Maler oder Photograph, sondern muß seine Arbeit mit Hunderten und Tausenden von Namen, grofs und klein, belasten.«

Hiernach wäre die Kartenschrift lediglich als ein nothwendiges Uebel zu betrachten. Als solches müfste sie gegen die auf der Karte dargestellten Gegenstände, zu deren Erläuterung sie nur dienen soll, eigentlich völlig zurücktreten. Andererseits wird aber verlangt, dafs Art und Gröfse der Schrift in ihrer Abstufung die Bedeutung des Objects erkennen lasse und aufserdem bis zum Namen des kleinsten Wohnplatzes und Baches leserlich bleibe. Eine dritte ebenso gerechte Anforderung besteht darin, dafs die Kartenschrift geschmackvoll arrangirt und überall schön sei. Wir sehen hier, dafs es dem Kartenzeichner ebenso ergeht, wie oben dem Gradnetzberechner: er soll widersprechenden Anforderungen Genüge leisten. Natürlich kann dies nur in unvollständiger Weise geschehen; und so bestätigt sich denn auch in diesem Punkte, was bei unserer Untersuchung schon mehrfach ans Licht trat, dafs die Landkarten zu denjenigen Werken gehören, welche trotz des emsigen Fleifses Tausender, die daran mitwirkten und noch thätig sind, und trotz aller zu verzeichnenden riesigen Fortschritte den Gipfel der Vollendung noch nicht erreicht haben. Der Schweizer Geograph Ziegler sagt sogar: »Es ist mir immer, man werde an den topographischen Karten der Gebirgsländer nach ein paar Generationen von vorn anfangen« — und Petermann ist unter Bezugnahme auf diesen Ausspruch sehr geneigt, selbst die besten der topographischen Karten, die doch die Grundlagen aller übrigen Karten bilden, nur als Studien zur Feststellung der geeignetsten Darstellungsweise des Bodenreliefs zu betrachten. Wenn die tüchtigsten Mitarbeiter und Sachverständigen das Ziel so hoch stecken, so wird uns die Zukunft noch grofse Leistungen auf dem Gebiete des Landkartenwesens bringen. Als die uns am nächsten liegenden nennen

wir die vielleicht in einem Jahrzehnt zu erwartende Vollendung der neuen officiellen Vermessungen und Aufnahmen innerhalb des deutschen Reichsgebiets, von deren rastlosem Fortschreiten die vielen veröffentlichten Mefstischblätter, Mafsstab 1 : 25 000, sowie die Blätter der Karte des Deutschen Reiches (früher Generalstabskarte) Mafsstab 1 : 100 000 Zeugnifs ablegen.

Für die genaue Vermessung und Aufnahme von ganz Europa, so rührig auch die meisten Staaten daran arbeiten, setzen Sachverständige eine Frist von mehreren Menschenaltern. In Betreff der übrigen Erdtheile, und gar erst der Meere, erscheint es gerathen, sich jeder Muthmafsung zu enthalten.

Mit Ausnahme Nordamerikas und derjenigen Gegenden, in denen aus Anlafs von Eisenbahnbauten genaue Vermessungen stattgefunden haben, werden die aufsereuropäischen Länder noch lange durch Karten vertreten sein, deren Grundlagen gröfstentheils aus Beobachtungen, Aufzeichnungen, ungefähren Entfernungs- und Richtungsabschätzungen von Reisenden und günstigsten Falls durch Vermessungen von Seefahrern zusammengebracht worden sind. Wir dürfen aber den Werth dieser Karten nicht unterschätzen. Ihnen ist zu Gute gekommen die Fähigkeit der Beobachtung und der Abschätzung, welche bei handeltreibenden und seefahrenden Nationen — aber auch bei ungebildeten Nomadenvölkern, Eskimos, Indianern, Australnegern u. s. w. — sich in hohem Grade vorfindet und geschärft wird durch das Bestreben, den einmal gemachten Weg später wiederzufinden. Das im Laufe von Jahrhunderten angesammelte Material ist von Tausenden, die ein lebhaftes Interesse daran hatten, unablässig gesichtet, berichtigt und vervollständigt worden. Seefahrer haben unzählige Male die Küsten besucht, die Aufzeichnungen geprüft, mit Compaſs, Sextant, Chrono- meter und Log Nachmessungen vor- genommen. Endlich fehlt es auch, wie aus den Angaben S. 19 hervorgeht, nicht ganz an astronomisch festgelegten Punkten, die zu genauerer Einordnung in das Gradnetz dienen.

Somit dürfen wir, wenigstens so weit es sich um Küstenstriche und um bereits cultivirte Gegenden handelt und es auf ganz genaue Entfernungsermittelungen nicht ankommt, den uns zu Gebote stehenden Karten aufsereuropäischer Länder wohl Vertrauen schenken.